Alas al Cielo

Alas al Cielo

Atrevete a despertar

José Alberto Barrera Ponce

Para realizar pedidos de este libro, contacte con:
Palibrio
1663 Liberty Drive
Suite 200
Bloomington, IN 47403
Gratis desde EE. UU. al 877.407.5847
Gratis desde México al 01.800.288.2243
Gratis desde España al 900.866.949
Desde otro país al +1.812.671.9757
Fax: 01.812.355.1576
ventas@palibrio.com
475512

Al lector

Quiero agradecer desde lo más profundo de mi ser y de mi alma el que hoy te estés sumando a este viaje, donde recorreremos juntos paso a paso un universo lleno de sorpresas, historias y momentos de iluminación que han marcado el ritmo de una y muchas vidas, únicamente te pido que leas este libro con una mente amplia y un corazón abierto. Déjate guiar por tus emociones, ya que estas jamás te mentirán.

Mi nombre es J. Alberto Barrera Ponce, nací en Ciudad Juárez Chihuahua en el hermoso país de México, la noche del 16 de abril de 1985. Capitán Piloto Aviador de profesión, apasionado escritor, consultor y estudioso de las ancestrales prácticas de Feng Shui, en búsqueda constante del crecimiento espiritual. Esposo, hermano e hijo afortunado de tantas bendiciones y siempre un fiel amigo.

Agradecimientos

Antes que nada a Dios por permitirme cumplir este sueño, darme las herramientas, la confianza y la perseverancia.

A mi familia y amigos que sin su paciencia y entendimiento en los momentos de locura todo hubiera sido mucho más complicado.

Y por último pero no menos importante a mi madre, quien ha sido el pilar de mi vida, a mi padre por tan bellos recuerdos y aprendizajes, a mi hermano por jamás abandonarme sin importar nada y a mi hermosa esposa Krizia, cuyo amor y apoyo han hecho que este viaje sea digno de recordarse por toda una vida, por permitirme llegar hasta donde estoy y sin duda alguna impulsarme hasta donde deseo con todo mi corazón llegar...

Índice

ATRÉVETE A DESPERTAR...

'Dentro de nuestro interior, donde todo comienza nace la esperanza de la humanidad¨

CAPITULO 1
Lo Inimaginable

Escuchando las sabias palabras de mí esposa que movieron una cantidad impresionante de sentimientos en mi interior. *"El único todo poderoso es el Creador y cada uno de nosotros somos el Creador... Ya que estamos hechos a su semejanza"*.

Fue en ese preciso instante donde por primera vez en mi vida había logrado entender una de las grandes verdades universales, en cierta forma esas palabras habían conseguido hacer un eco en todo mi interior, haciéndome sentir extasiado y a la vez nervioso. Sabía que algo dentro de mí había despertado.

Esta historia comienza hace algunos años atrás... Por cierto, mi nombre es Joe y lo que estas por leer aquí es la suma de fantásticos hechos que han marcado mi vida y marcaran la tuya para siempre...

Hace ya algunos cuantos años, donde por accidente, casualidad o autentico destino logre conseguir hacer una regresión a través de la meditación.

No te preocupes al principio yo tampoco lo creí, me costó mucho tiempo de contemplación y por su puesto de ayuda de personas mucho más preparadas en el tema. Lo que me ayudo a comprender aquello que realmente había vivido por ¨accidente¨ (lo llamaremos así, sin embargo sabemos que todo en esta vida está lejos de ser una casualidad o azar).

Era el año del 2003 cuando una tarde en casa de mis papas me encontraba solo, en ese entonces tenía poco más de 18 años, había terminado mis estudios de bachillerato (preparatoria) y me encontraba como muchos jóvenes de la edad atrapados en un gran dilema:

Que estudiar y como ser un profesionista.

Sabía que era lo que no quería pero desconocía que era lo que me motivaba, lo que me lograba despertar emociones de euforia y alegría.

Por mí mente cruzaron ideas tan alocadas como actor, locutor de radio, cineasta, animador gráfico, entre otras tantas, sin embargo la situación económica de la casa no era la mejor, mi hermano mayor había decidido emprender la pasión de su vida y se había mudado a la Ciudad de México para estudiar aviación, carrera que a mi en su momento jamás me llamo la atención ya que se me hacía un tanto aburrida.

Sin embargo cuando decidimos seguir al corazón lo inimaginable sucede. La mente puede equivocarse pero nuestra memoria verdadera esta en nuestro corazón con la fuerza del alma.

Y así de la forma más natural y simple la vida nos sorprende...

CAPITULO 2

Viaje al Pasado

Una tarde, en casa me encontraba intranquilo como si algo muy en mi interior no estuviera bien, encontraba sumamente difícil sentirme en paz. Así que decidí prender la televisión, algo que lograba calmar mi mente pero esa tarde en particular no lo había conseguido, después prendí la computadora obteniendo el mismo resultado. Sabía que algo no se encontraba bien en general era un chico muy tranquilo, que disfrutaba de la soledad ocasional sin embargo, esa tarde sencillamente no lograba estar quieto.

Recordé que alguna vez había leído algo del Dr. Brian Weiss, el gran terapeuta que hablaba de técnicas de relajación, donde te colocabas en posiciones cómodas y comenzaras unos ejercicios sencillos para la relajación, enfocando tu atención a la respiración, en esos movimientos tan sutiles pero a la vez complejos que damos por hecho día a día.

Decidí que lo intentaría, sin mayor experiencia o conocimiento en técnicas de meditación concluí que esa era una manera muy simple de aproximarme a algo que jamás había intentado, sin embargo antes de hacerlo supuse que si lo acompañaba con música sería más simple relajarme ya que mi mente no estaría por todos lados pensando he imaginado posibles escenarios fantasiosos, o recordando anécdotas pasadas o simplemente pensando en pendientes.

Opté por elegir un viejo playlist que había hecho tiempo atrás, canciones sencillas pero a la vez muy específicas, todo el repertorio trataba de música Celta, antigua, la mayoría sin letra, tan solo el armonioso sonido instrumental que siempre produjeron en mí una nostalgia incomprensible, decidí que esa sería la música perfecta para comenzar mi propio ejercicio de Meditación amateur como lo llamaba.

Me senté en el suelo, en una semi posición de loto (ya que había visto cientos de imágenes donde todo aquel que quisiera meditar tendría que hacerlo en dicha posición, la posición de Buda), coloque un incienso de sándalo que encontré cerca, ya que mi padre fumaba y mi madre siempre tenía a la mano para disfrazar el olor tan penetrante del tabaco.

Ya sentado con el incienso encendido, la música celta de fondo comencé a relajarme, me concentre en mi respiración tal cual lo había leído. Así pasaron dos o tal vez tres canciones ahora me sentía más cómodo, más relajado comenzaba a dejar de escuchar la música con plena atención para convertirse en un sutil sonido de fondo, mi respiración comenzó a ser fluida y en paz, poco a poco comenzaba a sentirme realmente bien, feliz, sin preocupaciones de mi vida cotidiana o de mi futuro incierto, de todos aquellos problemas que parecen enormes en su momento. Todo aquello había desaparecido.

Conforme pasaba el tiempo, en mi mente comenzaban a aparecer imágenes esporádicas, comencé a ver sutilmente grandes praderas verdes, con rocas grandes que tenían historia, paisajes majestuosos que jamás había visto y sin embargo los reconocía, incluso comencé a sentir una temperatura más fresca, como a principios de otoño, estaba emocionado con estas fantásticas imágenes.

Cuando de repente como en un sueño me logre ver en un reflejo, era yo sin embargo no parecía mi cuerpo actual. Era más delgado y de mayor edad, probablemente 27 o quizás 28 años, recuerdo que inmediatamente después de verme en el reflejo voltee hacia una dama que estaba acompañada de su hija... Cuál fue mi asombro que las reconocí. Tenía la certeza que era mi esposa y mi hija quien tendría no más de 5 años de edad, era de tez muy blanca y de cabello casi rojizo · ¡Era lo más impresionante que me había sucedido! – cómo podía estar seguro de que las conocía y de quienes eran si jamás las había visto en mi vida.

Lo que sucedió después fue todavía más impactante, recuerdo claramente el haberme despedido de ellas, dándole un gran abrazo y un tierno beso a mi hija, diciéndole que todo estaría bien y que nada malo me sucedería pero que tenía que ser muy valiente sin importar nada, que obedeciera siempre a su mamá y fuera una niña muy buena... Que sin importar que sucediera siempre recordara que su papá la acompañaría y la amaría por siempre. Me despedí de las dos y caminé. A lo lejos se encontraban varios aviones inmediatamente reconocí que se trataban de aviones de la segunda guerra mundial, eran los majestuosos *Spitfire.* - ¡aviones ingleses por excelencia! - ¡Era un piloto! - Tenia el uniforme y estaba listo para comenzar vuelo, recuerdo perfectamente el fuselaje del avión, los colores, la cabina de cristal y el logo que era conformado por tres círculos, vi los colores y sabía que representaban al escuadrón en el que formaba parte. Recuerdo subir por el ala para ingresar a la cabina, el asiento era estrecho y no era muy cómodo pero te brindaba una extraña sensación de seguridad, como si el avión te estuviera abrazando y recuerdo claramente como cerraba la cabina de cristal, como sonaba el último 'click',

La siguiente imagen ocurría ya en el aire, volando a la mayor velocidad posible, el escuadrón y yo nos encontrábamos sobrevolando lo que parecía ser el final de una gran isla, por lo que interpreto es el Reino Unido. Comienzo a respirar agitado, estoy haciendo maniobras evasivas ya que veo aviones alemanes por todos lados, siento la presión de la supervivencia al máximo, una corazonada me hace voltear a ver el ala derecha, segundos después veo y siento como es penetrada por una ráfaga de balas, como en cámara lenta veo los proyectiles entrar y desgarrar el metal... Sin mayor control sobre mi avión, éste comienza a perder altitud, enfilándome sin opción a lo que parecía ser mi final, estrellarme contra el mar. Eran momentos aterradores, no lograba hacer que la aeronave me respondiera en lo más mínimo todos mis intentos desesperados e inútiles por salvar el avión y así mi propia vida. Sentí la suma de mi desesperación y el miedo. Veo cada vez más cerca el mar siento como se va acercando el final de mi vida y lo único que puedo pensar era en ese último abrazo que pude darle a mi familia, despidiéndome... Faltan pocos metros para impactar en el agua...

Despierto en la habitación, con el incienso por terminar, la música retoma el volumen inicial, veo el reflejo en el televisor y ahí estoy, sentado en posición de loto, agitado, hecho un mar de lágrimas. Situación que inmediatamente me sorprendió muchísimo, había vivido una experiencia que no podía explicar pero que se sentía más real que incluso la mayoría de mis experiencias pasadas en vida. No importaba si creía en lo que acababa de suceder, mis ojos aunque abiertos y conscientes no paraban de llorar, recordándome que lo que había pasado no era producto de mi imaginación.

Fue entonces cuando me puse de pie y trate de buscar una respuesta racional a lo que acababa de suceder... Necesitaba encontrar una explicación lógica a todo esto que tenía en mi interior o gritaba por ser descubierto y escuchado, no podía creerlo pero a la vez me intrigaban los detalles tan específicos que había visto, sin dudarlo dos veces prendí la computadora y busque inmediatamente. Mientras el recuerdo permanecía intacto en los detalles como el avión, el logo del escuadrón, los detalles de la cabina, verificando todo lo que había visto, y descubrí que todo existía...

Me comencé a preguntar si acaso lo que había sucedido era lo que llamaban una regresión a una vida pasada, no tenía evidencia más que mis palabras y ese sentimiento en lo profundo de mi ser que lo que había vivido marcaría sin lugar a dudas mi percepción de cómo veía el mundo a partir de ese instante.

Pasaron algunos meses en la búsqueda de explicaciones.

Encontré que hay un sin fin de autores que hablaban del tema, sin embargo no encontraba aquello que me hiciera sentir pleno, que me explicara como quería las cosas y en la forma en que pensaba. Iluso, pensé en el momento en el cual me topaba con pared, cada vez que me leía autores nuevos y desconocidos.

Sin embargo todo tiene una razón...Todo tiene una explicación si nos permitimos alejarnos del problema y nos enfocamos en buscar la solución.

Claro, dile eso a un adolescente preocupón y probablemente tenga el mismo efecto que decírselo a una piedra, sin embargo Dios es fantástico. Dios es Amor sabe lo necios que somos y lo tercos que podemos llegar a ser cuando las cosas no salen como las planeamos, así que me dio una ayudadita sutil, ligera pero impresionante.

CAPITULO 3
El Mensajero

Asistí a una feria del libro en donde descubrí un autor nuevo, no había leído nada sobre él y mucho menos me era familiar. ¡Claro! me sentía un experto en mi corto tiempo de búsqueda de autores y corrientes literarias.

Así que hojeé aquel libro por unos instantes, deteniéndome al "azar" en un capitulo en particular y leí un poco más de tres párrafos. ¡Vaya sorpresa que me había llevado! El libro capto mi atención total, con tan solo hojearlo por unos instantes. -¿Acaso lo escribí con mi mente y mis deseos?-

Naturalmente poco duro esa pregunta cuando vi que la publicación tenía poco menos de veinte años de antigüedad. Sencillamente fue mágico aquel momento en que mis preguntas fueron respondidas, la sincronía de los hechos, el haber asistido a aquella feria cuando no solía hacerlo y probablemente no habría decidido asistir si lo hubiera pensado unos minutos más, fue una cuestión de acción en el momento correcto.

Mi realidad en ese momento era que ahí me encontraba, de pie sosteniendo el libro que había sido escrito veinte años atrás, de alguna forma inexplicable sentía que cada palabra era dirigida para mí específicamente.

Naturalmente saque rápidamente mi cartera para pagarlo, no importaba cuanto costara, lo más importante era tenerlo porque lo quería terminar de leer cada hoja con esa misma pasión con la que empecé a leerlo. Me sentía deseoso de descubrir si mi experiencia pasada podía ser explicada o algo con lo cual pudiera sentirme identificado.

Me apresure a pagar el libro, y así conocí al dueño, una persona de edad mayor, un poco encorvado con un aspecto muy sencillo sin embargo emanaba una vibra impresionante. Dudo mucho poderlo explicar en palabras, aun así lo haré. La presencia del señor era como estar dentro de un monasterio, llena de monjes budistas meditando. La sensación que daba al observarlo de paz, como si una especie de color se desprendiera de su ser y no tuviera fin.

Su seguridad al hablar, la tranquilidad y paciencia me daba la impresión de gran conocimiento y sabiduría. En fin me acerque al señor, sobresaltado y muy agitado con emoción le pregunté:

Disculpe Señor ¿Qué precio tiene este extraordinario libro?

Voltea a verme, contempla el libro un par de segundos y me mira fijamente a los ojos, diciéndome:

El valor del libro es realmente lo de menos hijo...

¿Qué es lo que deseas obtener con la información que ahí viene?

Un tanto desconcertado por la pregunta, ya que esperaba sin duda que me respondiera el precio, no sé $200 pesos o algo así...en fin, le contesté:

La verdad es que no estoy seguro si yo encontré el libro o el libro me ha encontrado a mí.

Nuevamente me miró, solo que esta vez con una expresión más relajada y afirmó: Sin duda el libro te ha encontrado a ti hijo...

Así es... cuando el libro te encuentra a ti no hay precio que se pueda pagar, así que te voy a pedir un favor léelo con calma, no trates de terminarlo en un solo día. Tómate tu tiempo, medita cada página que leas como si lo estuvieras viviendo y el libro es tuyo, de esa forma me estarás pagando.

¡Vaya! no sabía que decir estaba sorprendido por la forma en que se estaban presentando las cosas.

Me es muy difícil aceptarlo sin pagar por él. Imagino que Usted vive de esto y no creo justo aprovecharme de su generosidad para tomar el libro gratis.

El señor amablemente sin titubear me insistió.

Anda hijo, vete y comienza tu aventura emprende el vuelo que Yo estoy viviendo la mía, a su tiempo lo entenderás.

Partí de ahí, no sin antes desearle lo mejor de este mundo y compartiéndole la bendición de Dios sobre él y su negocio, para que siempre estuviera protegido y sus necesidades siempre fueran cubiertas por el amor y la bondad de la gente.

Las palabras del Señor habían quedado marcadas en mi como tatuajes en el corazón, no estaba seguro de lo que había sucedido...

No todos los días te encuentras con un libro que has imaginado durante mucho tiempo y te lo regalan! Pero no estaba ahí para juzgar los hechos ni mucho menos, me encontraba en ese momento de la verdad, así que abrí sin demora el libro y comencé a leer...

-"Conversaciones con Dios por Neale Donald Walsch."-

Jamás olvidare el titulo ni el nombre del autor... Comencé a leer y quede atrapado como por arte de magia en su narrativa, en como expresaba con fluidez y elegancia sus experiencias, sus eventos espirituales, como me iba llevando de la mano por majestuosas praderas, llena de emocionantes aventuras, paisajes impresionantes donde sólo la imaginación puede hacerle justicia, con forme más avanzaba en la lectura, más me internaba en un universo que cabía en la palma de mi mano...

Impresionante que un libro me estuviera guiando a recorrer mi mente y mi corazón de esa forma tan especial. Cerca de terminar el quinto capítulo, algo resonó en mi mente era como una llamada o una alarma de despertador, eran aquellas palabras que me había dicho aquel amable viejo:

-'Vive el libro, disfrútalo, medítalo – Por lo que decidí parar, en realidad no tenía prisa por seguir avanzando, ya me había esperado muchos meses para encontrarlo, que más daban unos días más...

Medité y reflexioné todo lo que había leído acerca de las muchas vidas que hemos vivido. Algunos más, otros menos, pero todos tenemos una historia, mucho más amplia y grande de lo que creemos. Comencé a percatarme de pequeños detalles que antes eran transparentes para mí.

Como ¿Por qué estaba tan enamorado de la música Celta? ¿Por qué al ver algún video o fotografía de Gran Bretaña me entraba un sentimiento de nostalgia?

Acaso eran casualidades o había un motivo que impulsaba todas estas emociones que emanaban de lo más profundo de mi alma. ¡Vaya! cada vez iban tomando sentido mis preguntas, pero aun así no tenía aún las respuestas concretas o completas como yo las hubiese imaginado.

Me encantaría contarles que seguí leyendo inmediatamente después, sin embargo eso sería una gran mentira. Era adolescente y aunque ahora creía en mis vidas pasadas como toda una realidad seguía teniendo una vida presente. Así que abandone un poco la continuidad de mi búsqueda de respuestas para practicar cosas más humanas, rutinarias y comunes, como el conseguir un trabajo, el aprender una profesión u oficio que me brindara las herramientas para vivir el resto de mis días.

CAPITULO 4
Preparados para Despegar

En ese entonces, mi hermano acababa de regresar a Cd. Juárez, se había ido a la Ciudad de México a estudiar aviación ni más ni menos. Al llegar, me propuso la opción de irnos los dos juntos a volar, ya que contaba con su licencia y los demás requisitos. Sin dudarlo acepte esta invitación, pues no todos los días sucede que tu hermano regrese de estudiar de otra ciudad y te invite a volar.

Al día siguiente a primera hora estábamos al volante para cruzar la frontera y llegar a Santa Teresa un pequeño condado ubicado a las afueras del Paso Texas a unos 45 minutos aproximadamente a unos 38 kilómetros de Ciudad Juárez.

Después de una buena platica, un camino tranquilo, y por supuesto un rico café para despertar, llegamos al Aeródromo, es un aeropuerto solo que un poco más pequeño. A nuestra llegada, me presentó con el que sería su nuevo instructor un caballero grande de edad, fuerte como un roble, con una presencia extraordinaria que imponía mucho respeto.

Gene Dawson un aviador con 45 años de experiencia volando, con más de 20,000 horas de vuelo. Le entregó las llaves de la avioneta a mi hermano, inmediatamente abordamos.

Por primera vez en esta vida me subía de nuevo a la cabina de un avión y por supuesto no sabía que esperar. Estaba nervioso, al mismo tiempo emocionado, como niño en víspera de Navidad.

Al abrir la puerta y poner el primer pie en la aeronave, sentí una ola de sentimientos de una forma muy intensa, como si estuviera otra persona sentada y me acabara de atravesar.

Mi hermano estaba listo para subirse después de hacerle unas pruebas de rutina al exterior de la avioneta, un *Cessna 172* con matrícula 9619H.

Ya estábamos los dos abordo nos abrochamos los cinturones de seguridad y después Tony, mi hermano me dio una plática muy breve de instrumentos y para que servían casa uno de ellos, lo cual me distrajo de lo que segundos antes estaba sintiendo. Me gustaría decirles que presté mucha atención pero no fue así sencillamente estaba muy emocionado a la expectativa de cómo sería el vuelo y el sentir la adrenalina al máximo.

Sin dar marcha atrás mi hermano encendió el potente motor y comenzamos a avanzar. No lo podía creer estaba a bordo de una avioneta solo con mi hermano en la cabina de mando y tendríamos nuestra primera experiencia de vuelo juntos.

Sus instrucciones fueron claras desde el principio. ¡No toques nada!

Claro que no pensaba tocar nada, no tendría ni la menor idea de lo que estaría haciendo.

Así que nos enfilamos a la pista y con seguridad afirma, hermano ¿listo?.

Por supuesto sin titubear con mucha emoción de niño pequeño le contesté ¡Si!

Mete la velocidad hasta el fondo, el motor comienza a girar con potencia. Nunca había sentido algo similar, la avioneta comienza a vibrar y nos empezamos a mover. Poco a poco tomamos velocidad mientras Tony hace uso de toda su pericia para mantener centrada la nariz de la *Cessna* con la pista.

Emocionado, veo como se despegan las ruedas del piso y pienso en voz alta:

_¡Estamos volando! Mi hermano suelta una carcajada y dice:

_Pues ¿qué esperabas que pasara?

Sin duda ahora que lo recuerdo fue una experiencia que marco mi vida para siempre.

Seguimos nuestro vuelo y una vez que alcanzamos la altitud de maniobras me dice mi hermano, voy hacer una serie de movimientos para que conozcas lo que puede hacer la avioneta, si te mareas o te asustas dime, puede que no los deje de hacer pero es bueno siempre estar comunicados.

En ese momento no supe si reír o llorar pero era muy tarde para dar marcha atrás en ese momento me encontraba ahí y estaba volando. Aún como espectador porque no había tocado para nada los controles, iba como pasajero sin embargo cuenta ¿no?

Sin darme oportunidad para anticipar lo que estaba por ocurrir mi hermano, corta la potencia y sube la nariz de la avioneta, comenzando a vibrar fuertemente, mucho más de lo que yo consideraría común. Y empezamos a elevar poco a poco perdiendo toda velocidad hasta que lo inevitable llega.

La nariz cae drásticamente al vacío y comenzamos un descenso pronunciado de más de 500 pies en un instante, lo describiría como:

¡La más grande caída de la mejor montaña rusa de todo el mundo!

Justo en el momento que estaba por mencionar que estábamos cayendo estrepitosamente hacia el suelo, recobra el control y estabiliza nuevamente el vuelo. Voltea a ver mi cara y sorprendido a mí reacción pregunta:

_ ¿Que paso? ¿Qué tal se sintió? ¿Estás bien?

Lo que acababa de suceder fue magnifico, fue mágico... instintivamente había colocado mis manos en los controles, asumiendo el control de la avioneta.

Sabía perfectamente que debía hacer y cómo se debía hacer. Esa maniobra había despertado en mí un instinto que se encontraba dormido por muchos años, más de 60 años podría estar seguro, por más de un nacimiento de distancia.

Me vino a la mente la regresión que había tenido tiempo atrás, donde era un piloto aviador de la segunda guerra mundial. Los controles no eran tan diferentes a los de la avioneta que volábamos en ese momento, los principios básicos del vuelo son los mismos para todos los aviones, así que había dejado fluir mi esencia para que tomara el control de la situación. Mi alma había dejado fluir mi esencia para que tomara el control de la situación, mi alma había transmitido todos los sentimientos que necesitaba en el preciso momento para controlar lo que había sentido como una situación de riesgo, una situación que me hizo recordar.

Impresionado mi hermano me dijo: _ ¡Bien, así se controla la avioneta!

En realidad no me había costado trabajo simplemente deje fluir aquello que estaba en mi interior y me estaba guiando como debía hacer las cosas, en ese momento me sentía un mero pasajero de mi propio cuerpo.

El vuelo duró cerca de una hora. Regresamos al aeródromo y aterrizamos, llegamos de nueva cuenta al hangar y apagamos la avioneta. Había sido sencillamente la mejor y más fantástica experiencia que había vivido.

Volteé a ver a mi hermano y sin titubear le dije:

-¿Sabes? Por mucho tiempo he estado peleándome conmigo para descubrir que era lo que deseaba hacer el resto de mi vida...Y hoy, gracias a ti, a tu regreso, lo he encontrado. Sin lugar a dudas he encontrado mi vocación. Quiero ser Piloto Aviador, esto ha sido la experiencia más natural que he podido tener. Es como si Yo perteneciera al cielo, esa sensación indescriptible de libertad y la forma en la que el mundo se queda en la tierra es un regalo de Dios.

Cuando estas arriba solo estas tú y ella, la aeronave el mundo gira junto a ti y nada te detiene.

Con una mirada hermosa de alegría de camaradería de ese compañerismo que habíamos llevado como hermanos, haciendo mágico ese momento. Saber que debíamos estar exactamente en ese momento juntos, justo en esta vida.

Con la voz llena de emoción me dice: _Lo sabía por eso te he traído aquí este día.

Hoy me doy cuenta lo valioso que es tener alguien querido y amado con quién compartir los momentos de gloria de la vida. La suma de todos estos momentos te llevan de la mano a vivir experiencias que ya hemos elegido, conscientemente o inconscientemente somos el resultado de lo que nuestros corazones y nuestra mente dictan.

Somos la expresión máxima y divina de Dios hecha realidad.

En ese preciso momento confirme que no existen las casualidades, todo es parte de un plan universal, un plan maestro que nos permitirá concretar nuestros sueños solo es cuestión de dejarlo fluir. Aun cuando el camino pueda ser difícil la recompensa siempre valdrá la pena.

Regresando de mi profunda reflexión en ese momento mi camino estaba decidido, conocía lo que me movía y lo que me motivaba y ahora simplemente era cuestión de enfocarme a conseguir mis sueños.

¿Qué tan difícil sería llegar a ser piloto profesional?

En mi mente estaba todo escrito, todo decidido no había duda en mi decisión. ¿Qué tan difícil sería poner en práctica aquello que parecía tan natural en mí?

Les voy a ser muy franco, fue muy difícil. No el hecho de ejecutarlo, de volar o de estudiar sino de llegar ahí y aun estando ahí mantenerme.

Sin embargo cuando estás dispuesto a luchar por tu sueño todo el camino recorrido valdrá cada esfuerzo.

Mi familia en ese momento no tenía los recursos económicos para decirme: _ ¡Claro! Aquí están los 500,000 pesos que necesitas para ser piloto. Y por supuesto no era mi intensión presionar para que cumplieran mi sueño. No era justo por ningún lado por donde lo viera, así que tome la decisión de comenzar a trabajar para ayudar a mis padres a costear la carrera.

Que mejor trabajo que dentro de una aerolínea para un futuro piloto.

Me propuse entrar y aprender todo lo que hay que saber de este gran mundo de la aviación. Sin titubear así comenzó esa nueva aventura en la que pasaron en un abrir y cerrar de ojos 6 largos años para terminar mi carrera y así luchar por la oportunidad de cumplir mi máximo sueño. Ser piloto de Aerolínea Comercial.

Experiencia que aún hoy con el simple hecho de escribirlo me pone la piel de gallina, como coloquialmente decimos. Por supuesto de la gran emoción.

Durante el tiempo en el que me encontraba estudiando y trabajando se me hizo cada vez más complicada aquella búsqueda espiritual que tanto anhelaba, seguir aquel camino espiritual era cada vez más complicado. Las presiones en el trabajo y el cansancio no me permitían ver la forma de poder avanzar y continuar mi búsqueda interior de respuestas a un océano de preguntas que inundaban mi mente.

Aquél mágico libro que me habían regalado, estaba guardado en el librero de mi habitación, olvidado y sin terminar.

Tal vez pensarán que me había tomado muy en serio aquella recomendación de meditar a consciencia cada palabra. Sin embargo había algo mucho más allá, era como una especie de bloqueo. Como era posible que en unos pocos meses hubiera tenido un evento que me cambiara la vida y después no pudiera mantenerme en meditación por más de 10 minutos.

Sabía que algo no se encontraba del todo bien, conforme pasaban los días mi vida se tornaba más rutinaria, recuerdo que sentía la necesidad de encontrar el botón de pausa y poder darle un giro repentino a mi vida.

Y nuevamente así sucedió, en el momento menos esperado sin haberlo imaginado, ocurrió un evento que jamás olvidaré.

CAPITULO 5

La Quimica del Amor

En la tarde del 21 de Marzo durante un día de trabajo normal y rutinario. Hasta que vi a la mujer más fantástica, hermosa, divertida y encantadora de toda mi vida. Mis ojos no podían creer que estaba viendo a un ángel, algo verdaderamente indescriptible, la mujer de mis sueños estaba a menos de tres metros de mí. Sabía que no tenía mucho tiempo para poder decirle Hola siquiera. No sabía si la volvería a ver y mi cuerpo estaba totalmente paralizado, no podía moverme, los nervios invadían mi cuerpo.

Ella era sobrecargo de Vuelo (Aeromoza) y sabía que tenía poco tiempo para cambiar el resto de mi vida. Tenía la certeza que ella era la mujer que Dios había mandado para mí y si no me atrevía a hilar tres palabras habría perdido mi oportunidad tal vez se me escaparía o no la volvería a ver.

Tome el valor y la fuerza que necesitaba así que me acerque a ella.

Me miró con una cara de ángel y sonrió sin decir ni una sola palabra, reconocí en eso momento la sonrisa más tierna sincera y genuina de mi vida ahora con mayor razón sabía que estaba en mí dar el primer paso.

No lo podía creer ¡mi mente se había escondido detrás de mi corazón!

Ya que no podía pensar, solo sentía una emoción hermosa, una emoción que nunca había experimentado. Con valor y determinación logre voltear a verla, sonreí muy discretamente. Con mucho esfuerzo he invadido por el nervio le dije: ·Hola, te quiero...invitar a salir.

¡Que! En realidad ¿estas habían sido las mejores palabras que todo mi ser pudo juntar durante 3 infinitos minutos? No lo podía creer, estaba arruinado, perdido...

Era como estar a punto de entrar al estadio a ver el mejor partido de tu vida y perdieras el boleto.

Afortunadamente ella, para mí sorpresa sonrió y sin titubeos me dijo:

-Disculpa, pero la verdad no me gusta salir en tu ciudad. Me da miedo.

¡Vaya! No estaba todo arruinado, era la oportunidad perfecta para arreglar mi gran elegancia para invitar a salir al que sería el amor de mi vida.

Así que velozmente regañe a mi mente y le ordene pensar con claridad, solo tendría la oportunidad para convencerla de salir conmigo, a lo que respondí con toda seguridad y temple.

-Descuida, mientras estés conmigo nada malo te sucederá, nunca más.

De verdad sentía estas palabras como una fiel promesa que recorrían con eco todo mi cuerpo. Y así es quede impresionado, ¿en qué momento me habían salido esas palabras? ¿Habrían sido mías? ¿Cómo se me ocurrió tal barbaridad? ¿Qué pensaría de mí?, No paraba de hacerme ese tipo de preguntas, y de verdad sentía que había perdido toda esperanza, hasta que con la más tierna mirada me sorprendió y con la más bella sonrisa una emoción preciosa en su mirada contesto: -¿Siendo así nos vemos para cenar en la noche? Háblame.

Por primera vez en mucho tiempo sentí que un rayo de luz había entrado y caído directamente sobre mí. Me sentía el hombre más feliz del mundo, tenía una cita con la mujer más bella y maravillosa que jamás hubiese imaginado.

Ese día sabía que la tripulación volaría ida y vuelta, así que regresarían.

Sabía a qué hora llegaría el vuelo, sabía a donde la llevaría a cenar, sabía cómo iría vestido, sabía que tendría que lavar el carro, en fin sabía muchas cosas excepto su teléfono.

De la emoción había olvidado lo básico y más importante: El cómo contactarla de nuevo. Así que sin preguntarle su número telefónico ví como despegaba y se alejaba el avión.

Invadido por el pánico sabía que tenía que conseguir como llamarle. No dejaría pasar esta oportunidad. Me sentía agradecido no llegan todos los días ángeles a tu vida, y ella había sido enviada para mí.

Sin esperar comencé a contactar a todos mis amigos y compañeros para conseguirlo, sin embargo no obtuve respuesta. Desesperado y como mi última opción solo me quedaba investigar en que hotel se hospedaría, información que era confidencial por seguridad de la tripulación así que solo conseguí tres pistas. Iba contra reloj porque sabía la hora que llegarían y el avión ya había aterrizado.

No me quedaba mucho tiempo, así que cuando más desesperado estaba y cuando veía pasar esta oportunidad tan cerca y alejarse poco a poco. Pare mi mente y decidí actuar, me encomendé para que Dios me guiara pidiéndole que me diera una señal. Y en eso estaba cuando pasaba justo en frente de un hotel estaba dentro de las posibles opciones mi corazón se aceleró.

Así que sin dudarlo confiaba en que estaba en el camino correcto, siguiendo mi corazonada decidí llegar. Sin conocerla aún, pedí en recepción que me comunicarán a su habitación así que como acordamos le estaba llamando, después de todo. Deseaba que aún quisiera salir y cenar conmigo. Fueron los segundos más largos de toda mi vida. Sin embargo al escuchar de nuevo su voz, mi ánimo cambio de una angustia total a la felicidad total. Me pidió que la esperara 5 minutos y pronto bajaría para irnos a cenar.

Ya tenía claro todo mi plan, la llevaría a un Restaurante de comida italiana donde me conocían muy bien, en donde me sentía como en casa. Mi estrategia en ese momento era sentirme en el ambiente más cómodo y confiable posible, no quería cometer ningún error, no con ella a mi lado. Deseaba que todo fuera perfecto.

En el momento en que la vi, mis ojos se iluminaron con su sonrisa igual que todo el lugar, la tranquilidad llego a mí en ese momento deje de preocuparme y comencé a disfrutar lo que después sería una verdadera historia de amor con la mujer de mi vida.

Pasamos horas y horas platicando, riendo, conociéndonos, aquello era sencillamente impresionante, después de un largo tiempo nos dimos cuenta que el tiempo se había esfumado en un minuto. No lograba entender comó funcionaba el tiempo a su lado parecía que llevábamos unos minutos aunque en realidad llevábamos horas, todo fluía de una forma especial, sabía que la conocía de toda mi vida.

Sé que sonará a cliché total, Pero ¿Saben algo? Los clichés existen por una sencilla y simple razón: son una realidad innegable.

Nuestros temas fueron libres, sin medida platicábamos de familia, amigos, sobre nuestros sueños, metas, de cine, arte, espiritualidad, música.

Esa química existía y nunca antes lo había vivido, al verla a los ojos sabía que había encontrado al amor de mi vida.

Mi mente capturo ese momento para toda la eternidad... alguna vez vi en una película la siguiente frase:

"Cuando encuentras al amor de tu vida el tiempo se detiene y es cierto, lo que no te dicen es que cuando el tiempo comienza de nuevo se mueve extra rápido para alcanzarlo".

Así, el tiempo se detuvo sin darnos cuenta habían pasado más de seis horas. Naturalmente la lleve a su hotel y al día siguiente le pedí que desayunáramos juntos, no podía dejar pasar la oportunidad de invitarla y estar con ella el máximo tiempo posible.

Este es el principio de mi auténtica historia de amor que hasta el día de hoy sigue creciendo y sorprendiéndome como un segundo de valor dio oportunidad a nuestra gran historia.

CAPITULO 6

Emprendiendo el Vuelo

Mi oportunidad para comenzar a volar en Aerolínea Comercial, ese sueño que tanto desee y por tanto tiempo luche. Llego en el momento ideal, el momento en donde me encontraba emocionalmente preparado para ello. Había conseguido a mi alma gemela, estaba listo profesionalmente, me encontraba motivado, emocionado y guiado constantemente por mi hermano. Mi mentor en el mundo de la aviación, su experiencia eran 3 años volando en la misma aerolínea.

Todo en mi vida parecía marchar a la perfección, sin embargo existía en mi interior un recuerdo que solía recordarme como había empezado todo era regresar al principio de la historia, donde había dejado algo pendiente. Un sueño de búsqueda de respuestas, de crecimiento emocional y espiritual, el profesional lo había cumplido mi meta estaba cumplida. Como lo pude abandonar, me preguntaba constantemente.

Y la verdad es que el mundo donde vivimos estamos acostumbrados a ver una realidad en donde funcionamos como maquinitas: despertarnos, arreglarnos, desayunar, trabajar, regresar a casa, convivir un poco y dormir para así al día siguiente iniciar todo nuevamente.

Es un sistema que sin duda ha funcionado por mucho tiempo y muchos años sin embargo considero que en este tiempo justo en donde vivimos. Necesitamos hacer una re valoración de lo verdaderamente importante, el vivir y el valor de la familia en nuestra vida.

Sin embargo en ese momento yo era parte de esa rutina, en la cual me sentía atrapado y limitado. Avanzar y sentir que no llegas a ningún lugar o sentir que vas sin destino era algo realmente cansado. Mi pregunta fue como solucionarlo, de verdad deseaba tanto esa libertad.

Cumplir las metas siempre es algo realmente especial, me sentía muy agradecido era sencillo mi corazón sentía y sabía que podía ser mejor. Aun había sueños por cumplir solo que habían sido pospuestos, y estaba dispuesto a retomarlos. Así fue como comencé a escribir.

Habían pasado más de ocho años desde mi primer encuentro con una señal clara de que siempre existe algo más de lo que podemos observar.

Ya era un piloto con algunas horas de experiencia en vuelo, y muchas otras en experiencias que habían marcado mi vida. Siempre con gran actitud y un gran profesionalismo ejercí cada vuelo, dando lo mejor de mí para hacer de cada vuelo una experiencia que valiera ser recordada.

Me sentía muy bendecido por el trabajo que había conseguido, para mí era más que saber volar un avión de una ciudad a otra.

Mi creencia y mi filosofía de acuerdo a mi experiencia es que como aviadores, somos co-creadores de sueños.

Hacemos posible junto con un gran equipo de una gran familia en el medio de aviación que hace posible cumplir nuestra meta, desde la persona que te recibe para auxiliarte con tu equipaje a tu llegada al aeropuerto, el documentar tu equipaje, el abordar la aeronave con apoyo de los agentes de atención al pasajero en tierra, la bienvenida de las sobrecargos de vuelo y nosotros preparando todo lo necesario en cabina para el siguiente paso, el más esperado: 'El vuelo'.

Muchos pasajeros vuelan para ver a su familia, a sus seres queridos, a cerrar negocios para brindar mayor prosperidad a su familia, por otro lado otros simplemente desean regresar a casa.

Ser Piloto brinda la posibilidad de poder ayudarles a cumplir su deseo, de llegar a su destino. Ser una herramienta de Dios para darles esa posibilidad.

Durante uno de mis vuelos junto a un Capitán que aprecio y sin duda uno de los muchos con los que aprendí algo más allá de solo aviación sino de la vida misma.

Volábamos y platicamos particularmente de espiritualidad. Le había compartido mi experiencia de lo que había logrado aquella vez de joven practicando meditación.

Nos alcanzó la noche en el aire, el cielo paso de un azul a un casi negro. Era una noche de luna llena por lo que no había luz más fuerte que la luna misma que reflejara sobre el horizonte estaba muy emocionado.

Me sentía afortunado ya que había escuchado en algunas ocasiones que es uno de los espectáculos más impresionantes de la vida. Estaba agradecido por ser partícipe de este momento el tener la bendición de que fuera un viaje largo para apreciar tan bello paisaje.

Más adelante le solicite autorización para apagar todas las luces de la cabina y contemplar aquella imagen inmensa y espectacular.

Estaba tan obscuro el cielo que por primera vez me percate que no era negro como siempre lo había visto desde tierra.

Contemplando los hermosos tonos de morados, azules y aquellas zonas que prácticamente parecían sin luz, cada estrela parecía un faro de luz que brillaba con tal intensidad que me hizo pensar o remontarme más bien a nuestros antepasados cuando en tiempos antiguos con una tecnología muy diferente a la nuestra lograban trazar figuras y darle forma a las constelaciones.

Se alcanzaban a ver las manchas cósmicas y fue en ese preciso instante cuando todo mi cuerpo se paralizo, el tiempo se detuvo, solo me encontraba mi mente, mi cuerpo y mi alma en un estado de conciencia, dentro de mi despertaron una serie de emociones tan intensas como aquella vez en la meditación.

Reviví la primera vez que tuve aquel libro en mis manos y que impactaría en muchas maneras mi vida, también recordé la mirada profunda de aquel viejo amigo que me decía...

- Anda hijo emprende el vuelo y comienza tu aventura.

Dentro de mi mente mi corazón logro proyectar imágenes que no tenían sentido. Paisajes, momentos, recuerdos, aromas.

Por un segundo me desespero era de nuevo una experiencia que no tendria explicación y del miedo pase a la fe en un segundo, de nuevo recupere la tranquilidad.

-Vivimos buscando explicaciones a lo inexplicable y nos olvidamos de reflexionar sobre lo que es verdaderamente importante, decidir que queremos hacer con las cosas que ya pasaron, el sentido siempre se lo daremos nosotros.-

Momentos antes donde me disponía a controlarlas, fue cuando recordé que mis mejores momentos habían ocurrido cuando mi alma había logrado comunicarse y yo había tenido la sensibilidad de escuchar dejándome guiar por esa energía maravillosa que era participe de este momento justo como la vez pasada en aquel cuarto sentado en mi cuarto en casa de mis padres.

El capitán iba al control del vuelo, el tiempo pareció una eternidad pero en realidad solo habían sido unos cuantos minutos.

Me impresionaba la velocidad de cada pensamiento y aún más la velocidad en el sentir esa emoción tan particular.

Entendí en ese instante que mi alma intentaba comunicarse a través de imágenes, sonidos, de los aromas, del porque se había encendido al ver ese bello espectáculo de Dios que es la ventana que tenemos hacia el espacio.

El sentirnos una parte micro dentro de ese gran macro universo que estaba del otro lado era una sensación realmente que te daba humildad y orgullo de existir.

La imagen de aquel ángel que me había regalado el libro tantos años atrás me hizo recordar tan claro aquel recuerdo, parecía tan real como si en ese momento lo estuviera viendo a 37 mil pies de altitud... *"Medita cada palabra, cada hoja...a su tiempo lo entenderás".*

Sería que ¿aquel momento había llegado? como seres humanos funcionamos por motivaciones, cuando algo nos llama más la atención abandonamos aquello en lo que estábamos trabajado, aquello en lo que estábamos enfocados.

Había olvidado ese sentir con distracciones, algunas maravillosas y otras un tanto difíciles que no estuvieron en mis manos. Justo eso me había sucedido con esa búsqueda pendiente con ese llamado hasta ese momento, pendiente.

Habían pasado muchos años a nadie hasta ese momento le había contado esa experiencia de una forma tan profunda.

Mi experiencias, mi profesión, mi alejamiento de una necesidad tan latente como el buscar tu propia luz, me hacía sentir que había entrado en una rutina, donde había dejado a un lado todo por lo que me había apasionado.

Sí, cumplí la meta de ser piloto y me siento realmente orgulloso sin embargo el camino fue tan largo que olvide que era un sueño, y que el camino se debe disfrutar para que cuando llegues ese éxito se complemente con la misión de cumplir tu sueño.

Había tenido una gran señal, una experiencia única y tal vez irrepetible de una regresión. ¿Cómo era posible que tan mágica y extraordinaria experiencia la haya dejado a un lado como si sencillamente no hubiera sucedido? Ese momento ya era parte de mi vida y no podía ni quería borrarla.¿Recuerdan que les había mencionado antes que nada sucede por accidente o por casualidad?

Dios siempre tiene el plan y sabe lo que más deseamos en nuestros corazones, en nuestra vida, lo sabe más allá que nosotros mismos y nuestros constantes cambios en decisiones.

Así que en ese preciso instante, cuando sin planearlo en un vuelo más de mi asignación mensual de rol (itinerario de trabajo), compartiendo la cabina con un gran colega al que fuera del trabajo consideraba mi amigo y en ese momento iba al mando de la aeronave, la energía con toda la tripulación, la armonía en situaciones alrededor (cuando usualmente es un trabajo con mucha presión debido a la gran responsabilidad) en ese momento hasta el clima era perfecto, con una vista privilegiada, llego mi reflexión.

En un momento donde creía tenerlo todo me llego ese regalo divino, el cual estaba listo para recibir, gozar, escuchar y apreciar con una profunda humildad. Tenía la certeza que mi experiencia de la volada, había tenido grandes propósitos, sin duda más de uno.

Sin embargo sabía que Dios tenía un plan más grande y elaborado justo para mí. Mismo plan que yo había elegido hace mucho pero mucho tiempo.

Tenía la necesidad pura y genuina de compartir mi experiencia, de enriquecer mi aprendizaje para poder transmitir aquellos conocimientos o interpretaciones de las enseñanzas de otros grandes maestros de vida.

¿Cómo es posible que en un segundo todo el significado o mejor dicho la misión que decides tomar de tu vida cambie frente a tu propio ser?

Salí de aquel momento de reflexión en el que estaba profundamente inmerso y nuevamente comencé a sentir un gran deseo de llanto sin embargo esta vez distaba mucho de la anterior, que había sido un llanto con dolor y un sufrimiento emocional muy profundo por haber dejado esa vida inconclusa y sobre todo con el gran temor de haber abandonado a mi familia.

Esta vez era un llanto de emoción y alegría desde lo más profundo de mí ser...

- ¡Joe!, ¡Joe!· Me llamaba el Capitán,
- ¡Regrese! Dije con mucha emoción.

Miraba con atención al Capitán, no estaba seguro de contarle lo que había sucedido. No es muy común que alguien te diga:

- Disculpa regreso en unos minutos, me voy a perder en la inmensidad del SER y analizare mi objetivo de vida.

Así que decidí sencillamente decir que había tenido un sentimiento divino y estaba disfrutando ese espectáculo tan especial apreciándolo en silencio y que había bloqueado los sonidos externos.

Sin duda sabía que había sido una conexión astral impresionante y hermosa.

Afortunadamente esa noche ¡regresaba a casa!

Aterrizamos y maneje emocionado a casa, tenía un claro objetivo y deseaba llegar a contarle a mi esposa con lujo de detalle lo que me había sucedido. Y así fue, llegue a toda velocidad abrí la puerta deje la maleta en la puerta después de estar fuera 5 días ¡volver a casa era una emoción tremenda!

Recuerdo haberle dicho ¡tengo que contarte lo que me paso! Y con detalle muy emocionado le conté, su carita de sorpresa iluminaba mi corazón. Termine de contarle y escuche lo siguiente:

"Cuentas conmigo incondicionalmente, tienes mi apoyo para decidir y conseguir aquello que tanto anhelas, si no sabes que es aún lo buscaremos juntos y lo encontraremos, haz lo que te haga feliz en esta vida y yo compartiré esa alegría contigo. Estoy muy orgullosa de ti..."

Ya tenía mi objetivo, sabía lo que ya no quería, necesitaba un cambio en mi vida tenía el apoyo de la mujer con la que compartía nuestros sueños, ahora solamente faltaba saber cómo empezar.

Sentía ser un hombre con un gran deseo por contar, plasmar mi historia y pensaba, pero...No soy cineasta para hacerlo película o cortometraje.

No soy locutor para grabarlo a viva voz.

No soy escritor para escribir un libro.

Vaya tarea había elegido de vida, había recordado todos esos largos años en los cuales había dejado la espiritualidad a un lado y me comenzaba a reprochar:

-¡Si hubiera seguido practicando, leyendo, entrenando, cultivando mi mente ahora sabría que hacer sin duda alguna!

-Con esta experiencia me di cuenta que somos capaces de todo, solo basta desearlo, visualizarlo y luchar con toda la pasión por conseguirlo.

Nunca digas nunca, nunca digas no soy, nunca digas no puedo, en ese momento comenzaste a limitarte y tus posibilidades de existir o ejecutarlo desaparecen. Así que no tomes el camino fácil de derrotarte, ¡lucha! Siempre valdrá la pena.

Dicen que el aprendizaje y el maestro llegan cuando el alumno está listo.

Así que sin pretextos puedes conseguir lo que deseas, lo que quieres, necesitas decidir y tomar las oportunidades que te lleven a ese camino de éxito. –

CAPITULO 7
Siguiendo al Corazón

Pasaron varios meses, no lograba hilar ni tres palabras de lo que quería transmitir así que decidí empezar con el primer paso:

Elegir la forma de contar mi experiencia y esta sería la palabra, escrita por supuesto ya que soy una persona un tanto tímida y aparecer a cuadro en cámara simplemente me bloqueaba el hecho de solo pensarlos.

Definitivamente no quería quedar congelado justo como el día que conocí a mi esposa, conseguir un Hola después de horas de planeación.

Así que las letras para mí habían sido la mejor decisión, me sentía listo para actuar y dejar de planear tanto, necesitaba dejar que fluyera lo más natural. Algo que tiempo después descubriría que es una de las pasiones de mi vida y nuevamente puedo afirmar que no fue casualidad sino causalidad.

Como no me sentía preparado, comencé a utilizar mi tiempo libre en aprender diferentes técnicas de meditación, de movimientos autodidactas de Tai-Chi después de un poco de teoría, algunos ejercicios de relajación y concentración.

Sabía que Dios nunca me abandonaría también sabía que si quería conseguirlo lo lograría y con mi esposa a mi lado motivándome y siempre apoyándome en cada locura nueva que intentaba.

Comencé a prepararme ya tenía la pasión para hacerlo, había decidido buscar prepararme y darle inicio a este gran deseo.

Comencé a meditar de nuevo, esta vez con un poco más de preparación, incluso con elementos que me ayudaban, como la música celta y con incienso.

Se me ocurrió dejar la computadora frente a mí y con mis manos posadas sobre el teclado. Liberando mi mente y dejando fluir me recordaba la sensación de aquel par de experiencias que me habían marcado esta vida.

Pensaba en imágenes y sentir estar ahí es una sensación espectacular, es como viajar a otra era, finalmente era emprender un vuelo a un destino familiar, sin reconocerlo plenamente

De esta forma comencé a escribir, y me cuesta aún trabajo explicar cómo fluyen las palabras de forma tan espontánea incluso lo explicaría como haberle quitado el candado a mi mente y mi corazón fuera el que dictara cada palabra.

Tener la certeza que cada palabra es la correcta para compartir el mensaje que tengo visualizado en mi interior es un sentimiento especial que me da la sensación de bienestar, de armonía y una alegría intensa de saber que estoy en el camino correcto que cada decisión en mi vida me ha llevado a donde me encuentro.

Disfrutar que mi mente está en un lugar especial donde disfrutaba el paisaje y me sentía tan tranquilo como nunca antes, le transmitía a mi cuerpo una libertad total brindando a mi alma una relajación total a mi alma y el sentir su voluntad en la máxima expresión.

Me hizo descubrir al abrir los ojos y encontrar en el monitor un breve pero profundo escrito me deja perplejo y feliz...

Dios sabía que dentro de mi dormía el instinto de escribir tan solo necesitaba darme esa oportunidad que tanto deseaba y solo Yo me la podía dar, atreverme a dejar la lógica atrás.

Asumir que aún hay tanto por compartir, y tanto por aprender me llena aún más de alegría.

CAPITULO 8

EL Camino de la Inspiraciòn

A continuación les comparto con gusto algunos de los escritos que he realizado a lo largo del tiempo. Y te invito a que te tomes tu tiempo al leerlos. Sin duda al estar en tus manos, tú mismo le darás el significado.

Me gustaría que te tomaras tu tiempo para leerlos, deja que tu corazón dicte el ritmo y escucha tu voz interior, tu alma.

Un Toque de Realidad

Por mucho tiempo mi mente navego por los cielos en busca
del desarrollo emocional, del despertar espiritual...
Siempre en búsqueda constante del camino, del sendero
de mi propio destino, siempre solo...

Y es curioso como todo lo que creemos,
todo por lo que llegamos
a asegurar incluso con la determinación logra desvanecerse
en un instante...
Cuando por azares del destino somos
enfrentados a una realidad
universal he innegable.
No estamos solos... Nunca nos
encontramos solos y en la medida
que perdemos nuestra propia soberbia
para reconocer que existen
un sinfín de personas, o por lo menos una que te apoyara
incondicionalmente.
Y he aquí la parte que engrandece aun
al Alma más introvertida,
el sentimiento que provoca y despierta
es para la mayoría de las
personas irreconocible, tan sincero y
puro que solo cuentas con
un instante para reconocerlo y recibirlo
con la humildad que el
mismo merece.
Tan solo un instante para perder esa
coraza que instintivamente
utilizamos para ocultar nuestras debilidades.
Tan solo un instante para ser vulnerables
y abrirle el corazón a

esa persona que ha logrado tocar las fibras más profundas de
nuestra humanidad.
Afortunadamente fui tocado por un ángel que sin planearlo se
encontró en el lugar y en el momento correcto para hacerme
entender que la vida no se trata de jugar a ser invencible,
y que la mejor forma de en realidad continuar por ese camino
de crecimiento es aceptar uno mismo
sus propias limitaciones,
no como punto final sino como punto de partida...
A esa Angelita mi mayor agradecimiento
por demostrarme que
lo único que muchas veces necesitamos es un abrazo que logre
transmitir todo ese grandioso amor y así ahogar hasta al peor
de los demonios.
Cuando me siento perdido y no puedo encontrar mi camino...
Cuando las palabras han sido extraviadas
escucho tu voz diciendo
Siempre estaré a tu lado.

Un toque de realidad...

La realidad es un momento presente creado por nosotros mismos, si aceptamos eso entenderemos que somos capaces de derribar hasta la barrera más difícil para dejar entrar la Luz.

La reflexión que en su momento cruzó por mi corazón fue la sensación de sentirnos vivos. Dejar de fingir que somos invencibles y que debemos cruzar todos los caminos en soledad.

Siempre existirá esa persona, ese amigo, esa amante, familiar o incuso algún desconocido que entrara a nuestras vidas en el mejor momento posible, en el tiempo perfecto, sin embargo primero debemos derribar las grandes murallas que hemos construido a nuestro alrededor y comenzar a vibrar en una auténtica energía de amor.

Dios jamás nos abandonara y debemos creerlo.

Ya que aquí radica una de las máximas verdades universales. Entiendo esto sabremos que jamás estamos solos y que en momentos de dificultad Dios se hace presente en muchas formas...

"La Fe abre las puertas que nuestra mente no ve, pero que nuestro corazón siente, y así iluminar hasta el camino más obscuro..."

Un Pensamiento Simple

Comenzando un nuevo día despertamos al calor
de una nueva ilusión
al continuar en esa lucha constante de esfuerzo,
de aprendizaje, de perdón y autocrítica...

Despertamos para enfrentar un mundo del tamaño
de nuestros problemas...
Despertamos con un enfoque borroso y muy pocas veces claro.

A mi punto de vista el despertar radica
en olvidar todo
lo que nos provoca sentimientos negativos.
En augurar éxitos pero sobre todas las cosas, felicidad...
De disfrutar esta oportunidad como lo que es...
un auténtico regalo de Dios,
de la vida, del Universo para comenzar, de omitir y mejorar...

¿Qué mejor propósito podría regalarnos la vida? Que el
disfrutar como niños y amar con pasión, con el corazón.

Me encantaría decir que he alcanzado dicho despertar
sin embargo me encuentro lejos de conseguirlo.
Trabajo día a día agradeciéndole a Dios el haberme brindado
una oportunidad de poder seguir aprendiendo, de poder
seguir descubriendo que puedo amar más
y más de lo que algún día soñé...

Cada día despierto con la firme convicción de
ser feliz y por ende buscar que nada afecte dicho
pensamiento. Incluso... ¡algunos días lo logro!

Ánimo, fe y mucha buena energía les envío a todos aquellos
que puedan llegar a leer estas sencillas palabras que
emanan de lo más profundo de mí existir... *mi Alma.*

· Día a día damos por hecho que nuestra vida dista de ser perfecta, que no podríamos estar más lejos de la perfección, nos hemos impuesto un sin fin de retos para demostrarnos a nosotros mismos que ser felices es un premio, que distamos mucho de conseguirlo. Durante muchos pero muchos días este pensamiento se anido en mi mente, creando tormentas y conflictos internos, pero dentro de mi Ser, Dios me ha regalado día tras día el máximo de sus obsequios, la Fe... La Fe de no perder la esperanza en mí, de perdonarme por mis propias cadenas, la Fe de un mejor mañana pero de un todavía más extraordinario presente, al momento de dejar de juzgarnos tan severamente y reconocer que todos fuimos creados a través de la fuente eterna de amor, nuestro despertar comenzará.

Rayos de Luz

¡Bendecido me encuentro el día de hoy!
Poco a poco he logrado comprender lo que es disfrutar
tu presente, estoy rodeado de limitaciones... Mismas
que son temporales y ahora lo único que
Provocan son deseos de superarlas.

Confiando completamente en Dios, confiando en
que todo lo que existe en la vida es totalmente
superable, no existen retos que nos puedan derribar
siempre que exista fe y amor en el Alma.

Hoy siento el brillo del sol en mi rostro, el cual ilumina
mis ojos que logran transmitir esta gran felicidad.

Hoy me siento capaz de contagiar hasta a la persona
más gris, hoy siento una inmensa luz que debe
ser compartida con el mundo que me rodea...
Y aunque la gran mayoría me juzguen y me llamen loco,
si logro transmitir esto tan maravilloso que estoy viviendo
a una sola persona esta vida ¡tendría una razón de ser!

Con una persona que logre entender lo que trato de decir.
¡Hoy por hoy vivo feliz! ¡Hoy por hoy creo fielmente en Dios!
¡En el destino! Y en el gran plan de vida que he elegido vivir...

En lo muy feliz y enamorado que me encuentro. Y sin
duda alguna esto se lo debo a muchas personas... Pero me
gustaría resaltar y darles el mérito que por derecho llevan...

A mi madre que ha sido y siempre será el gran
pilar de mi vida, la mujer a la que le debo la vida

y solo puedo intentar pagarle con mi gran amor,
grandísimo respeto y aun mayor admiración...

A mi hermano mi fuente constante de admiración,
que sin importar los errores que pueda llegar a
cometer siempre está ahí, dispuesto a ayudarme y
orientarme, con ese amor de hermano que siempre
busca cuidar, proteger y enriquecer mi vida...

Y por último pero no menos importante a mi esposa,
al amor de esta y muy seguro de muchas vidas
pasadas, a mi compañera de este gran viaje...

A quién sin querer le ha tocado tener de
sobremanera paciencia hacia mí...
A Ella que le ha tocado brindarme un apoyo moral,
personal y espiritual para poder superar situaciones de vida
y permitirme la oportunidad de poder conquistarla día a día...

Gracias a todos, a los antes mencionados y
a todas esas personas que quiero y admiro y
son parte fundamental de mi vida...

Como siempre les envío un fuerte abrazo
y deseo que siempre tengan esa
fe para levantarse cuando las cosas salgan mal...
Porque ese paso que den cuando se levanten, les
hará ver el paisaje más valioso y hermoso.

Es momento ya de dejar de vivir por quien fuimos,
por la historia que nos trajo hasta el día de hoy
y comenzar a vivir por quien somos...
Y construir nuestro propio mañana.

- El universo gira entorno a una gran energía, fundada por el amor la fuerza que engrandece nuestras almas se llama gratitud...

Al estar agradecido de corazón, de sentimiento total, estaremos en sintonía con la fuente cósmica de bienestar, atrayendo prosperidad, atrayendo armonía, atrayendo vida a la vida misma, nunca nos perdamos tanto en el camino que olvidemos darle crédito a nuestras fuentes de luz, a nuestras inspiraciones, a nosotros mismos y por ende a Dios.

Ya que esto hará que nuestra existencia gire entorno al amor, cultivando felicidad y cosechando éxitos. -

El Despertar de un Corazón

Todo camino tiene un inicio, todo destino
debe ser alcanzado paso por paso...

En soledad intelectual pero en compañía
emocional y espiritual.

El despertar de un corazón comienza en el momento que
logramos desprendernos de esa venda
en los ojos, en la mente,
que cubren en oscuridad el resplandor del espíritu.

El despertar del corazón es el camino del guerrero, del
mayor desafío del ser humano, reto asumido por tan solo
unos cuantos valientes, que lejos de rendirse ante
la crítica social, luchan y se empeñan todos los días
en aceptar el hecho de su propia mortalidad física he
inmortalidad emocional y espiritual.

El despertar del corazón lleva al
guerrero a batallas inmensas,
no contra ejércitos opositores sino a librar muchas veces
batallas diarias contra el peor enemigo y a la vez el mejor
defensor, la propia mente...

Largo es el camino que se debe de recorrer y solo a
través de meditación profunda, auto conocimiento y Fe
se logra unificar mente, cuerpo y alma en uno solo para
recobrar el mayor conocimiento que solo hemos podido
lograr soñar y añorar, el conocimiento emocional...
El despertar del corazón como fuente de sabiduría
eterna, como fuente profunda de conocimiento
y aprendizaje, como guía de vida...

Difícil el camino es para conseguir callar nuestra mente y escuchar a nuestro corazón.

Y ahora más que nunca debemos hacer un esfuerzo para recordar quienes somos en realidad... Quienes deseábamos ser cuando éramos pequeños y porque lo deseábamos, quienes queríamos ser en un momento de nuestras vidas donde la mente era un simple cómplice y no un dictador, donde era más importante el sentimiento que provocaba esa situación y no el que podría pensar el mundo que nos rodea.

Es tiempo ya de volver a ser niños y como dice un gran amigo mío... *Hoy es cuando...*

· Durante nuestro camino, nuestra evolución de vida muchas veces perdemos el rumbo, el camino... Lo que fue en el amanecer de nuestras vidas ha cambiado rotundamente hacia el ahora, el presente... Nuestras mentes se vuelcan en contra de nuestras emociones tratando de callarlas.

Pensando en lo que nos podría beneficiar, en lo que más nos conviene, pero esto...

Amigos míos, es una de las grandes mentiras que podemos sufrir durante esta vida terrenal, la mente busca la supervivencia, mientras el alma y el corazón como fuente de todos los sentimientos busca la realización.

Ya que se conoce inmortal, busca el máximo bienestar, más allá del momento busca conseguir cumplir los sueños que nos motivaron desde que hemos sido pequeños.

Así que nunca tengas miedo de sentir, ya que esta es la señal que has estado pidiendo día tras día a Dios de su existencia.·

Fantasmas Del Éxito

Desde el amanecer de nuestras vidas adultas
somos víctimas del fantasma del Éxito.
El fantasma que intenta dictar nuestra
forma de ser, de sentir, de pensar y
proyectarnos ante el mundo y ante
Nosotros mismos...

El fantasma que nos dice que está bien
y que no lo está...
En el mundo, en nuestras vidas, en todo
lo que nos rodea, alejándonos de la oportunidad
de crear una realidad propia, una realidad genuina.

Por muchas noches me he cuestionado el
porque de la dificultad de ser genuino,
que es lo que nos obliga a recaer una
y otra vez en los mismos patrones.

Cuál es la verdadera razón de nuestra
atadura existencial y emocional.
Durante muchas noches he indagado
en los mares de la mente.
Perdido y sin rumbo...solo para descubrir que
nosotros simplemente perseguimos lo
que creemos posible y probable.

Desechando por completo toda idea,
pensamiento o sentimiento que no
podamos controlar...

Y ahí es donde radica la respuesta de los
fantasmas del Éxito... Nos es tan difícil imaginar
emprender algo sin garantías, sin la seguridad que
resultará de la manera en que nosotros
esperamos que funcione...
Nuestra mayor atadura al éxito existencial radica
en el miedo al mismo miedo.

Es por eso que procuramos a toda
costa seguir una línea preestablecida
de pensamientos, de normas que nos
eviten tomar riesgos...

Muy pocas personas se han atrevido
a caminar en el sendero de la
incertidumbre, muy pocos han sido
los verdaderos hombres y mujeres
de gran fuerza espiritual y ellos han
sido sin duda los líderes de nuestros
tiempos...
Sin mayor secreto que el de creer en
ellos mismos y en su corazón.

Les envío un fuerte abrazo deseando de todo
corazón. Que hoy sea un día sin igual...

Que hoy sea cuando logren silenciar la mente
para poder escuchar a su corazón...

· La auténtica expresión del Ser, del Guerrero de Luz es sin duda callar la mente para escuchar el corazón, día a día nuestro interior hará más fuerte el llamado hasta conseguir que nuestra mente no logre ocultarlo más, haciéndonos conscientes de esta realidad, de este despertar inminente, de que no estamos solos y gente antes que nosotros ha recorrido el camino, que aun sin garantías se han atrevido a seguir su corazón... –

Guerreros de Fe

Meras ilusiones amigos míos, meras confusiones existenciales
para evitar cumplir nuestro cambio
evolutivo, para impedir nuestro
crecimiento espiritual, personal, para
posponer nuestro crecimiento como
seres de luz, de amor y esperanza.

Cambios que se avecinan en un horizonte
esperanzador, lleno de luz, amor
alegría, compasión pero sobretodo de entendimiento.
Valor para los momentos de incertidumbre,
esperanza para los
tiempos inalcanzables... Alegría por
un futuro que está por llegar
sin duda alguna.

Hoy es el momento en que debemos depositar
nuestra fe en nuestros corazones,
que serán los indicados para guiarnos en los
valles de la soledad y desesperación,
demostrándonos siempre el camino de la verdad, del amor.
Sin duda a equivocarme invoco a un
acto de fe con nosotros mismos,
volvernos en un pilar de sentimientos positivos,
de alegría desmedida y pasión por la vida...

Hoy es el momento exacto para mirar
atrás, respirar profundo
y agradecer por todo lo que hayamos podido atravesar...
Mirar al frente y sonreír por todo lo que
nos encontramos por vivir,

caminos con un sin fin de obstáculos, pero
ninguno que no pueda ser sorteado
por nuestra determinación, tenacidad y fe.

Puesto que por largo y agotador que pueda llegar a parecer,
a nuestro lado contamos con una inmensidad
de personas que nos aman
y nos impulsaran día a día, sin interferir
en nuestro destino, nos alentaran a
continuar, a creer en nosotros mismos, en
darle gracias a Dios y al destino
por el camino que hemos recorrido,
dejándonos momentos gratos,
momentos felices, momentos de aprendizaje.

Largo el camino puede ser...Sin duda
alguna, pero jamás incierto,
existe la certeza de que el amor nos hará
recorrerlo y nuevamente mirar atrás...

Sonreír por los grandes momentos, las incontables alegrías
y los corazones que hayamos tocado.
Momentos de fortaleza, amor y paz para las épocas difíciles,
debemos recordar que el cielo es más
oscuro justo antes del amanecer.

Como siempre... me despido deseándoles un fantástico día.

- Lo intangible de la bondad es totalmente medible a través de los actos, lo intangible del amor es totalmente medible a través de la armonía, de la felicidad y del bienestar que logramos transmitir desde lo más profundo de nuestro ser, aun cuando los momentos se tornen borrosos y llenos de confusión, en nuestros corazón poseemos la verdad universal que no existen imposibles para el mismo, tan solo son pruebas que han sido sorteadas en nuestro andar para lograr aferrarnos a nuestros conocimientos del alma, a nuestra verdadera esencia espiritual...

Nada existirá nunca que logre perturbar una mente llena de amor, una mente en perfecto balance con el universo, nada existirá nunca más que te haga pensar o sentir que estas lejos de Dios, ya que en tu interior la respuesta a esa intriga está depositada, lista para ser explorada una y otra vez y cuantas veces sea necesario. -

Sonrisa al Amor

La experiencia de contemplar al universo
como el ser vibrante nos asombra y sorprende
con cada brillo de las estrellas que nos guían
por el horizonte...
Con cada amanecer que nuestro espíritu
es capaz de disfrutar estamos a un paso
más cerca de comenzar a entender que no
solo somos más que meros pasajeros
en el viaje del mañana...
Que hoy estamos
aquí para disfrutar, aprender y perdonarnos.

Como nuestros padres tenemos la obligación
de compartir todos nuestros conocimientos,
que de alguna manera u otra, consiente o
inconscientemente, es la única forma de seguir
cultivando preguntas, intrigas de nuestro verdadero ser.

Mis queridos amigos, el camino a la iluminación
personal, colectiva, como hombres y mujeres
pero en primer plano como seres humanos esta
hoy en día en primer plano, lista para que la
aceptemos...
para que seamos los actores principales
del cambio del mundo que observamos a nuestro
alrededor!
Hoy es tiempo de meditar, de sentir pero sobretodo
de soñar, no solo en el mañana sino en el hoy.
Plantar el primer árbol de nuestro sendero boscoso,
que sirva como vereda al crecimiento para un sin
fin de personas.
¡Hoy es el momento de aceptar lo grandiosos que

somos!
Hoy es tiempo ya de dejar de negarnos el
derecho que Dios y el universo nos brindaron
desde el primer segundo en el que respiramos en
este mundo.

El derecho de ser personas exitosas
y capaces de un inmenso amor.

Contemplar ya al cosmos y observar que no tiene fin,
Así como no tiene fin nuestra capacidad de amarnos
a nosotros mismos para comenzar a amar a los demás.

Sonrían, sonrían al mañana, sonrían al ayer pero
sobretodo sonrían hoy, por el simple hecho que lo
pueden hacer.

El mundo está diseñado para las
personas visionarias de su propia felicidad.
Me despido no sin antes desearles que hoy
se amen como siempre fueron destinados a
amarse.
Que hoy logren esos 5 minutos de meditación
para conseguir la paz existencial, silenciar la mente
y escuchar al corazón...

El cual siempre les dirá
cosas buenas de ustedes mismos, cosas para
amarse, cuidarse y apapacharse, a ustedes como
a las personas que más aman a su alrededor.

· Cultivando valles de bondad hacia los demás, aprenderemos instintivamente que nosotros somos tan dignos como lo son los demás de recibir amor, de recibirlo de primera fuente, de estar seguros que Dios nos ama, que el Universo conspira a nuestro favor, dándonos lo que en realidad somos, amor.... Seres de amor único y en base a esa enseñanza comenzar a creernos dignos de tal declaración, somos seres de Luz y lo seguiremos siendo, estemos conscientes de eso o no, no cambia el hecho de que emanamos amor, aun estando dormidos, sin embargo al hacerlo de forma voluntaria accedemos a niveles de vibración superiores, deseando que tu como tus alrededores sean bendecidos eternamente con este sentimiento.·

Camino del Guerrero Perdido

Por muchos días, el caminar
ha sido parte de mi realidad,
el recorrer infinidad de caminos
sin lograr encontrar paz, quietud
u orientación, han sido largos los
días que he contemplado infinidad
de amaneceres y atardeceres sin
saber exactamente qué es lo que
estaba contemplando.

Por muchos dias recorrí veredas
adornadas por las más bellas flores
sin siquiera darme la oportunidad
de detenerme a apreciar su aroma,
pasando por alto los más majestuosos
árboles que relataban el paso del
tiempo en sus robustos troncos.

Por mucho tiempo pase frente a
mi familia y mis seres queridos,
sin notar realmente que ahí
se encontraban.

Durante mucho tiempo me perdí...
Y hoy doy gracias a Dios por ello,
solo el que se ha perdido podrá
encontrarse a sí mismo.

Durante mi camino en las sombras
del desespero logré formularme
las preguntas correctas para así
iniciar mi camino hacia la iluminación

personal y espiritual, con un aprendizaje
de saber que encontraré las respuestas
que por tanto tiempo han rondado
por mi mente y mi corazón.

Acompañado de Dios, de una fe
en lograr comprender a los sentimientos
que emergen del corazón yace ante él,
el verdadero camino del Guerrero.

Dispuesto a empezar las más grande
de las aventuras, sabiendo que todo
inicia teniendo el valor de dar el primer
paso...
Y teniendo la humildad de
siempre dar Gracias al Universo,
a Dios y a la vida misma por todo
lo que se ha vivido, dando paso a
la realidad de hoy.

- En el nublar de la mente, el mundo se esconde de nuestra alma, recorremos grandes distancias, pasamos varios días, semanas o incluso años y no logramos percatarnos que continuamos en constante movimiento.

Que la vida sigue su curso pero nosotros estamos sentado en la última fila sin ver el camino o el paisaje, deseando tan solo llegar a nuestro destino sin importar el cómo o el cuándo, nos perdemos de los mejores momentos de la vida sumergidos en la rutina diaria, adornando nuestro ser en cortas y estresantes vacaciones o fines de semanas caóticos, buscando alejarnos lo más posible de la "realidad" misma que solo existe en nuestra mente.

Al percatarte del día a día lograras entender que el camino diario al trabajo está lleno de vida, de luz, que aun en el trafico encontraras en el cielo una nube que cruza el cielo para ti, para que busques en tu interior e imagines la forma más divertida que tu niño interior pueda imaginar, la vida está llena de regalos, pero hay que detenernos un instante y observar.-

Fotografiando al Destino

Durante nuestra vida, el caminar hacia
nuestro destino es una carrera constante
de aprendizaje, de conocimiento, de amor
y esperanza...

Durante cada uno de los días, en los que
tenemos la fortuna y bendición de abrir
nuevamente los ojos.
Se nos ha brindado una oportunidad única,
una oportunidad divina concedida por Dios
y por todos los astros del Universo
para continuar con nuestro destino...

Para continuar fotografiando nuestra vida,
para seguir capturando los
momentos mágicos, para continuar con
nuestro álbum emocional, para seguir
cultivando nuestro corazón.

Cada paisaje que observamos, cada
amanecer del que somos testigos,
cada persona sonriendo, cada vistazo de amor
que logramos percibir, no con nuestros ojos si no
con nuestro corazón quedara marcado en nuestra alma.
En lo más profundo y sagrado de nuestro corazón.

La vida no se trata de retos, ni de sufrimiento...
La vida sin lugar a dudas se trata de gozar,
de sentir, de expresarnos y crearnos día a día.

Se nos ha concedido la llave del éxito universal,
aquella que logra conectar la mente, el cuerpo
y el alma.
Formando un solo ente de amor y sabiduría.

Con meditación y pasión por seguir en esta
gran aventura que es la vida misma, nuestro
camino se verá adornado por bellos momentos...

Nuestro caminar hacia el destino lograra
cautivar nuestras almas.

Hoy vive con amor, alegría y confianza en ti,
ten fe pero sobre todas las cosas hoy es el
día perfecto para que aprendamos a decir
Gracias...

Sencilla palabra, cargada de una energía
sin igual.

Les envío un gran saludo.

- Recorramos la vida, recorramos nuestros recuerdos, todas y cada una de las fotografías que hemos capturado con nuestro corazón. Éstas son las que nos alimentan de emociones y brindan un significado distinto a nuestra vidas. La que nos muestran lo mejor que hemos vivido, sin duda hemos atravesado por momentos difíciles pero son solo los momentos de felicidad, que compaginan con nuestra energía interna los que son archivados en nuestra memoria emocional.

Teniendo la certeza que al final de nuestro camino serán estas emociones y recuerdos los que nos acompañaran.-

El regalo del Presente...

Cual fantasma en nuestras vidas
el concepto de presente se escapa
minuto a minuto del poder de nuestras
manos...

Consciente o inconscientemente
el presente será relegado por
recuerdos del ayer o por sueños del
mañana...

Amigos mios debemos detener el flujo
del tiempo como lo conocemos, estamos
viviendo el mejor instante de nuestra vida
porque es el único "real" y tangible...

El hoy es lo más preciado que tenemos
como seres humanos, ya que es una hoja
en blanco lista para ser llenada por todas
nuestras ilusiones y esperanzas...

El momento de ser mejores seres humanos
es este, el momento en el cual podemos
iniciar, continuar o concluir proyectos de vida
es hoy...

Aventurarse al pasado para tomar fuerza, para
recordar momentos de aprendizaje, para retomar
principios y objetivos ya una vez trazados, nunca
para revivirlos o peor aún... intentar vivir en ellos,

el pasado ya no existe, se fue en el camino
así como se nos escapa segundo a segundo la vida
si no logramos concentrarnos en el
aquí y ahora...

Vivir en el futuro es tan arriesgado ya que
sencillamente es incierto y está fuera de nuestro
alcance que sería un error el vivir la vida misma
pensando en lo que pudiese llegar a ser...

El mañana no existe, se construye con lo que
hagamos en este preciso instante...
De forma que si no vivimos el aquí y ahora
no habrá quién diseñe ese mañana....

Debemos dejar de vivir en la nostalgia del ayer
y en la espera impaciente del mañana.

Como algún día leí la siguiente frase que cambio
sin duda mi vida y me hizo reflexionar.

"El ayer es historia, el mañana es un misterio
y el hoy es un obsequio...por eso se llama presente"

Me despido no sin antes desearles un día prospero,
lleno de amor, salud y sabiduría para tomar las mejores
decisiones...
Que sean ustedes los arquitectos de sus propias vidas
y logren llegar hasta donde su espíritu los lleve...

Su siempre amigo J B

· Con la facilidad que se nos permite vivir en un tiempo que no es el de nosotros nos encontramos todos los días con el reto de ser reales, de ser auténticos, de ser los mejores artistas y así plasmar en este lienzo en blanco que es el presente lo que siempre hemos deseado pintar, mas amor, mas energía, mas esperanza, mayor paz, mayor diversión, lo que sea que anhelemos lo podemos lograr, Dios nos brinda ese regalo de un despertar fresco, de posibilidades infinitas. ·

El Camino del Guerrero Espiritual

El principio de toda historia comienza de manera sencilla,
de tal forma que la vida no parecería tener retos o mayores
dificultades, durante el principio de cada día despertamos
de la misma forma...

Por unos instantes al día nuestra mente sencillamente
se enfoca en vivir, en experimentar todos y cada
uno de los sentidos que nos acompañan día a día.

Así es como inicia la historia del guerrero de fe...
Iniciamos nuestro camino de fe, nuestro sendero de amor
sin saber si quiera que lo estamos recorriendo...

Viviendo día a día por el sencillo hecho de vivirlo,
sumergidos en una espesa niebla que nos evita percatarnos
todo lo que nos rodea...
Personas, paisajes momentos que
fueron destinados a estar ahí
para nosotros.

Rodearnos para que en el momento en el que lo decidamos
podamos hacer uso de ellos, de apoyarnos, de conseguir
obtener ese algo tan mágico y especial que solo eso
o ello nos podría proporcionar.

Iniciamos nuestro andar por la vida como bebes y así
transcurrimos la mayor parte de la misma.
Ajenos a atrevernos a abrir los ojos al mundo exterior...
Por miedo o sencillamente falta de curiosidad nos
dejamos envolver en una realidad paralela, una
realidad que nos ha quitado el privilegio de sentir.

Hemos creado una realidad de egocentrismo, de anteponer al Yo sobre todo lo demás, ocultando una verdad universal.

Da y recibirás, ayuda y serás ayudado, todo es tan simple como el hecho de que todos somos uno mismo...

Acaso, tan alejados estamos de las siguientes palabras:
"Todos somos Hermanos"
Hermanos del universo, creados para vivir una experiencia de amor y aprendizaje.

Para vivir al máximo todas y cada una
de las emociones y sentimientos.

Y en esas palabras tan frágiles y tan
ciertas radica el principio
del camino para el guerrero de fe...

Tan solo el comienzo para una aventura
llena de desafíos sin duda,
pero desafíos que alentaran al corazón
a seguir latiendo día a día
con más y mayor fuerza. Con serenidad
mental para volvernos
asertivos y sin lugar a duda paz espiritual...
Una aventura que da inicio al poder de
conectarnos como seres de Luz
y sabiduría.
Una aventura que logra acercarnos a nuestro
objetivo de aprendizaje y amor.

Para algunos el camino es largo, sin embargo estoy seguro que lo disfrutaras paso a paso sabiendo que nada se ha puesto en tu camino si no fue por tu propia elección de vida.

Así que disfrutemos de los momentos gratos y aprendamos de las dificultades ya que nosotros las elegimos y su importancia en tu historia debe tener.

Hasta la próxima ocasión, les deseo un día de amor y felicidad porque se lo han ganado, lo han invocado y Dios ha respondido.
Un fuerte abrazo...
J B

- ¿En que momento cambiamos? ¿Cuando comenzamos a sentirnos más importantes que los demás? ¿Por qué engrandecemos al que consigue más y mayor éxito a costa de los demás? ¿Por qué el EGO se ha apoderado de nuestras vidas?

Todas estas y más preguntas son las que han inundado mi corazón a lo largo de los años.... -

Plan del Crecimiento Espiritual

Durante muchos años he anhelado conseguir el
significado de mi vida.
Durante muchos días de
sombrío amanecer he luchado por encontrar una
motivación digna de levantarme de la cama.

Horas, días y semanas en un nublar espiritual,
donde lo correcto carece de significado, donde el
bien y el mal son meras metáforas,
donde la luz del amanecer simplemente se convierte
en el anuncio de una nueva lucha interminable,
inagotable...

Días de tristeza en el corazón, días de soledad
existencial y vacío espiritual son los que se sufren
en un mundo caótico, lleno de frenesí y estrés.

Por cada día ser más, ganar más y demostrar superioridad
económica, donde aquel que conduce un carro que
cuesta más que una casa es visto como
un ídolo, un modelo a seguir.
Donde aquel que genera más riqueza es visto con
admiración y respeto.
Donde la manera de medir la vida de un ser humano
es en relación a lo que obtuvo en su vida material.

Un mundo errante, sin pies ni cabeza,
un mundo prefabricado,
creado más allá de una fantasía o
ilusión, un mundo agonizante.

Hoy... como cualquier otro día, el sol asoma por la ventana,
entra directamente hasta mis ojos...

Que aun estando cerrados me iluminan de par en
par, proyectando imágenes, colores, aromas y lo más
hermoso aun... proyectando emociones en mi espíritu.
Hoy se convirtió en el día en el que el planeta se ha puesto
en contacto conmigo...

Hablando a través de la energía que
lo rodea, que envuelve todo,
lo que está aquí y allá al mismo tiempo y que es fuente
continua de milagros, fuente de inspiración y armonía.

Hoy es el momento en el que mi corazón ha logrado entrar en
armonía con mi alma, con esa esencia de todo ser...
Con esa energía vital capaz de grandiosas hazañas...

Dentro de mi interior, al disfrutar de
tan magníficas emociones
y sentimientos que van despertando
minuto a minuto, mi mente
logra entender la verdad silenciosa del cosmos...

La verdad universal con la que todos
los seres humanos nacemos
y está almacenada en nuestro interior,
lista para recibir nuestro permiso
y adoptarla como nuestra filosofía de vida.
Ese momento, ese despertar, esa evolución de consciencia
ha dado inicio y como avalancha es
imparable, por una sencilla
razón...

La verdad libera, libera la mente y el cuerpo para que consigan la armoniosa unión y sincronía con esa fuerza del espíritu...

Y al fin conseguir...

- En el ocaso del día, las emociones negativas pueden formar parte de nuestro ser, dictando nuestra forma de ser, de sentir, esto se debe a que hemos mantenido nuestra fuente de luz dormida, alejada de nuestros corazones, manteniéndonos en un universo falso, lleno de logros disfrazados, llenos de vacíos espirituales... El momento en el cual lograras percatarte de que estas en esa senda, será cuando hayas alcanzado tus metas impulsadas por el EGO... Y una vez ahi te des percates que dista mucho de tener un sentimiento de bienestar y de logro, el concluir de esa meta solo trae consigo malestar, ambición, un vacío en el interior que se verá reflejado con otra meta aún más grande.

Ese sin duda será el momento en el cual te podrás percatar que tu corazón está alejado de la realización en tu vida. Ese tiempo, es el perfecto para detenernos, hacer una pausa y revaluar la situación, buscando la respuesta en tu interior, en tu Ser, en Dios. -

Confiando en Nuestra Alma

Que tan difícil es despertar cada mañana
con la incertidumbre de poder seguir los
más grandes y apasionados sueños.
Aquellos que llenan nuestra mente, nuestro espíritu
con un llamado incesante de la vida misma
A nuestros corazones...

Que tan difícil puede ser sin duda alguna lograr
identificar cada sensación que recorre nuestro
cuerpo como energía, revitalizando nuestros
sentimientos dándonos la pauta de que eso que estamos
pensando y sintiendo son el camino correcto.

Son el llamado de nuestra alma para emprender
Un fantástico y arriesgado viaje hacia nuestro Interior...

Que tan difícil puede llegar a ser
silenciar la mente a consciencia,
misma que manda señales de alerta a lo desconocido,
a lo no lógico y en su propio entendimiento
riesgoso e inestable...

Que tan difícil es lograr conseguir el valor para
Seguir adelante, apostándole todo a esa energía
esa emoción que desde lo profundo de tu ser te llena
de una confianza infundada en lo mental sin embargo
completamente justificada y unida a lo espiritual.

Hoy, despierto sabiendo exactamente lo muy difícil que es
silenciar la mente para abrirle paso a mi corazón,
siendo esta la única manera en que puedo lograr potencializar

la mágica y siempre extraordinaria
conexión con mi interior, con
el llamado de nuestra alma...

Hoy sin duda alguna estoy listo para comenzar
a vivir confiando en el mensaje de nuestra alma.

Que con certeza nos guiara a las más grandes aventuras
y retos que tanto hemos anhelado y pedido en el secreto de
nuestra íntima conexión con el universo y con Dios mismo.

¿Qué tan difícil? Tan difícil como nosotros lo
Creamos posible...

Su siempre amigo

Joe Barrera

- Los reto que se nos presentan van más ligados a lo personal y emocional que a lo físico y tangible, estamos aquí para comenzar a recorrer las veredas de lo intangible, para comenzar a conectarnos con nuestro verdadero Yo, aquel que radica en lo poco lógico, aquel que nace desde lo profundo del corazón, pasando por la inmortalidad del alma para hacerse presente en la inmensidad de la mente. Atrevernos a seguir esa vibración dentro de nuestro interior es quizás el paso más difícil y el que requiere mayor valor... -

El Camino Natural

El camino del guerrero de luz comienza tras el amanecer
de la estrella que ilumina nuestra existencia.
Comienza al sentir esa necesidad de buscar por todos
los medios necesarios la forma de
encontrar una vida más feliz.
El camino del guerrero de luz inicia al ver en retrospectiva la
vida diaria y percatarnos que ya no es
suficiente, que en nuestro
interior existe una autentica y genuina voz.
Un sentimiento que conforme pasan los días se torna
más y más difícil de ignorar.

Un sentimiento en crecimiento, que nos lleva por caminos
y veredas desconocidos, que nos incita a investigar,
a buscar, a preguntar al cosmos, al universo y a Dios mismo...
El sentimiento que cada día se apodera
de todos nuestros sentidos
en busca de una verdad espiritual, emocional, existencial.

El camino del guerrero de luz comienza cuando en nuestro
interior arde el deseo de encontrar los
medios para lograr regresar
a nuestros orígenes puros y ancestrales...

Que nos lleve hacia el camino natural que
nos regrese al punto de partida,
donde lograremos entender nuestra verdadera esencia,
donde al fin lograremos entablar una comunicación
directa y personal con el Todo Poderoso,
con la energía divina y natural.

El camino del guerrero de luz comienza
cuando entendemos que el lenguaje
del amor que vive dentro de todos y cada uno de nosotros.
Su siempre amigo...

· La verdad que emana de un corazón ardiente de conectarse con el cosmos es imposible de callar, de ocultar, esta verdad es un llamado de lo profundo de nuestro ser, emprendamos esto como lo que auténticamente es, un milagro que hemos pedido constantemente durante los atardeceres de nuestra vida para encontrar el significado de la misma... Este es el camino que has elegido para tu despertar. ·

El Guerrero Silencioso

Desde el amanecer, el sol radiante
nace en el horizonte de nuestros corazones,
brillando con fuerza cósmica, con energía
indescriptible para brindarnos la más pura
y bella de las posibilidades de nuestras vidas...

El poder de escuchar a nuestro propio y
autentico Guerrero Silencioso...

Aquel que vive en lo más interior de nuestras
emociones, aquel que se alimenta de las mas
puras emociones de amor y alegría.

Durante cada amanecer Dios, el cosmos y
la vida misma nos brindan la oportunidad autentica
de ser cómplices, de ser auténticos, de concretar
esa real conexión con nuestro Guerrero...

Con nuestra propia alma.

Durante el primer instante al despertar, al recobrar
consciencia plena, al sentir el brillo de la luz
en nuestros rostros, vibramos energía pura,
energía libre de prejuicios, por un instante en
cada mañana despertamos nuevamente como
lo que en realidad somos...
Como seres de luz y es en estos precisos
momentos en los cuales
podemos lograr esa conexión única
con nuestro autentico SER...

Así, sencillo y real es nuestra oportunidad día a día
de escuchar nuestra voz más pura, de escuchar
a nuestra alma que nos alimenta a través
de los sentimientos...

Así de sencillo es el darnos la oportunidad de
cada mañana ser mejores personas, de mejorar
nuestra conexión con nosotros mismos...

Cada despertar es un nacimiento, puro, limpio
y lleno de esperanza, sin prejuicios.

Hagamos de cada mañana la mayor de
las bendiciones que Dios nos regala,
una autentica y completa oportunidad de
comenzar, sin pasado ni futuro...

Solo el presente, escuchando a nuestro
corazón.

Su fiel amigo. JB

- Con cada despertar, se nos obsequia una chequera en blanco, se nos da la libertad de disponer de 24 cheques en blanco para con ellos hacer lo que mejor nos venga en gana, de crear o de destruir, de invertirlos, gastarlos, ahorrarlos o simplemente gastarlos.

Cada mañana tenemos la bendición de poder decidir, influir u orientar nuestras vidas así como la de los demás, escuchando nuestro energía interna sabremos qué es lo correcto, que es lo auténtico y que es lo que ayudara a llegar a donde deseamos...

A conseguir un mejor y más brillante mañana.

Con la alegría de haber gastado excelentemente bien ese presente...

Brisa de Amor

Como en la naturaleza, nuestra vida
atravesará por cambios.
Gozaremos de la plenitud de la primavera,
donde las cosas sucederán de manera natural
y espontánea, sin resistencia, ni dolor...

Sin embargo tenemos que ser conscientes que
la vida está llena de retos, desafíos y oportunidades
mismas que pueden tornarse difíciles, que pueden
representar el más frío invierno de nuestro ser...

Opacando instantáneamente toda la belleza que
existe en nuestro ser...

Cada desafío, cada oportunidad
que enfrentamos...
Cada invierno por el cual decidimos atravesar
nos brindara más herramientas para continuar
en la construcción de nuestro ser divino, nuestro ser
de luz...

Por cada invierno que tengamos que afrontar Dios
nos espera con una primavera con mayor abundancia...

Los desafíos, las dificultades y los tiempos difíciles,
no están ahí para limitarnos... O para desmotivarnos
están presentes para volvernos mejores, aprender, ser
más sabios, ser sensibles, ser más capaces y sobre todo para
despertar esa conciencia dormida.

En la plenitud de Dios, del cosmos y de
la vida, no existen los problemas
sino las *oportunidades de "ser"*.

Su siempre y entrañable amigo...

JoeBarrera

⋅ En la profundidad del bosque asiático habita el Bambú, una creación de singulares características, que se vuelve en un maestro de la vida, teniendo humildad aprendemos que en los días tranquilos podemos mantener nuestra compostura intacta, rígida, dispuesta a seguir creciendo y aprendiendo...

Y en las tormentas de la vida más intensas podemos adoptar una flexibilidad impresionante, evitando que el mal tiempo fracture nuestras bases, como en la vida misma...

Los momentos perfectos los creamos nosotros en base a nuestra percepción y experiencia.⋅

Escribiéndole a Dios

Durante el ocaso del día, contemplando
una fría noche invernal me encuentro aquí...
Sentado en la tranquilidad del hogar,
a la espera de una señal que me brinde
esperanza para emprender mi camino.

Problemas, conflictos y situaciones fuera
de lo que durante años considere lejos
de mi alcance...
Por largos años me he sentido como un
pasajero en mi propia vida
Por años he sentido el peso de una
sociedad que marca el ritmo de la vida misma.

Ocasos de vida veo transcurrir día a día
por almas que se niegan a reconocer
la esencia universal de vida.
Como si nos encontráramos en un
atardecer eterno la vida se nos escapa
de nuestras manos por negarnos a
escuchar nuestra alma propia....

Justo en medio de la tormenta, nacen la esperanza
de un mejor mañana, de un cálido amanecer lleno
de oportunidades, donde el día se convierte en el más grande
lienzo blanco...

Donde podemos imprimir
la mejor y más fantástica versión de nosotros mismos...
Durante el despertar del corazón, nuestra alma retoma

el control de nuestras emociones, dándoles
voz para que las escuchemos
cada día con mayor fuerza.

Durante el despertar recordamos que la
energía universal esta aquí, por ti y por mi
con la única y sencilla razón de ser, esta
aquí para ser utilizada en nuestras vidas,
esta aquí para llenar nuestros corazones de
esa magia cósmica, de esa verdad que
muy en el fondo está impregnada en cada
fibra de nuestro ser.

Hoy, en este preciso instante le escribo
a Dios para que me permita sentir en
todo mi ser esa energía pura...

Hoy, le escribo a Dios para que me de
la oportunidad que a partir de este justo
y perfecto momento me de la bendición
de entender en su plenitud cósmica
la magia del amor.

Amor puro y sin ataduras, amor puro
y lleno de felicidad, amor que me brinde
la espada para derrotar el miedo, la
incertidumbre y me llene de Fe el corazón.

Hoy... Le escribo a Dios para decirle Gracias...

JoeBarrera

- ¿Por qué consideramos más sencillo rezarle a Dios para que nuestro equipo favorito gane el campeonato?, ¿Por qué sentimos que el rezarle es la única manera de mandar un mensaje a la fuente eterna de amor? ¿Por qué nos cuesta tanto trabajo creernos dignos de recibir cosas buenas y de darle gracias a Dios por las mismas?...

Dios conoce tus auténticos sentimientos, tus agradecimientos y bendiciones, Sin embargo nunca esta demás dar las gracias.

No solo a él, a todos en este mundo, esta es la manera más sencilla de canalizar nuestra luz interior hacia el mundo.-

Amor En Libertad

Recorriendo grandes mares de ideas
hurgando en lo más profundo del pensamiento
me he topado con toda clase de muros...

Muros que limitan mi libertad, muros que
mantienen lejos el auténtico conocimiento.

Durante toda nuestra vida nos hemos enseñado
a que el amor es una posesión...
A que al amor se le controla, se le mide, se le compara...

Hemos creado barreras infranqueables de
prejuicios e ideas que se aferran a nuestra
parte más vulnerable como seres humanos.

Hemos convertido al amor en una extensión
de nuestro ego.
Sin embargo Dios nos brinda la herramienta
justa para abrir esos candados...

El universo juega a nuestro favor destapando la caja
de pandora.
La realidad es tan sencilla y está justo a las
afueras de nuestra vanidad.

Amor es la mayor energía del cosmos...
Es la máxima expresión del ser, lo que lo
forma y lo que es eternamente...

Amor, es más que una expresión o una
palabra de cuatro letras, es una
declaración de bienestar, armonía,
felicidad, alegría.
Si al amar a los demás nos amáramos
a nosotros mismos como principio. Y lo hiciéramos una ley
El amor a nuestro alrededor sería tan fuerte que la energía
positiva fluiría de una manera espectacular y mágica.

Derribar los grandes muros de nuestra mente
es tan simple y sencillo como reconocer el
hecho de que el amor va más allá · de la apreciación
o de la propiedad, el amor es la expresión
máxima del creador del cosmos...

Derribar las grandes barreras es reconocer que
todos somos fuentes puras e inagotables de amor.

Amor a ti mismo, a tu alrededor, al sol que nace
cada mañana para iluminar nuestro día.

Amor al refrescante vaso con agua que hidrata
nuestro preciado cuerpo, amor al tiempo que
nos brinda en cada segundo oportunidades
nuevas como un lienzo en blanco...

Al percatarnos de todos esos pequeños pero
extraordinarios detalles, esos pequeños
momentos que complementan nuestras dulces
y maravillosas vidas habremos eliminado todo
lo que hemos mal aprendido del amor.

Al ser nuevamente fuente de luz y de amor le
damos la bienvenida a nuestras pareja, amigos
y familia a unirnos en perfecta armonía, donde
nadie es dueño de nadie y de nada...
Donde sencillamente dejamos fluir la caricia divina de
lo único que es perfecto.

Deseándoles todo el amor, bendiciones y alegría
a sus vidas de luz..

JoeBarrera

- La belleza radica en lo natural, en el fluir natural de las cosas así como de las personas, la energía que se mueve a su propio ritmo es imposible de contener o de disfrazar, el amor se mueve por decreto propio en todo el cosmos, brindándonos la oportunidad única de adoptar su frecuencia y navegar por la vida rodeados de la misma...

Engañarnos con la falsa promesa de poder controlarla es inútil, es algo tan grande y maravilloso que lo que nos corresponde hacer es adoptarla y retransmitirla, brindando la voluntad de la fuente de luz hacia todos.

La Ilusión del Error

Cuantas veces no nos hemos detenido un instante...
Cuantas veces no nos hemos percatado que
sencillamente no está bien?
Cuántas veces hemos atravesado por momentos
llenos de incertidumbre y desespero...
Como todo ser humano nuestra vida ha pasado por
momentos llenos de frustración, donde simple y
sencillamente no encontramos el rumbo de nuestro
destino...
Cada instante en esta vida la magia del amor recorre
nuestros cuerpos, bendiciones divinas pasan por
todo nuestro ser sin siquiera percatarnos de esto...
La ilusión del error es un privilegio que se nos ha
otorgado como principio del despertar, tan sencillo
como aceptar que somos seres de luz con un plan
maestro y tan complicado como confiar en Dios, en
nosotros mismos y en nuestra capacidad de adaptarnos,
a ser flexibles... En los tiempos de mayores dificultades.
Con el paso del tiempo he aprendido pocas cosas tan
valiosas como el confiar ciegamente en la bondad
del cosmos... En saber que sea lo que sea que ocurre
en mi vida soy lo suficientemente fuerte para aprender
de ello o mejor aún, dejarlo pasar cual fiel viajero que
debe continuar su camino.

Hoy Dios ha elegido un camino para ti, junto a ti y
esa es una certeza que te acompañará el resto de
tu vida.
Nosotros mismos hemos elegido la serie
de retos y desafíos que llenaran de momentos de
aprendizaje. Sabiendo, sin duda alguna que al equivocarnos
siempre tendremos la fortaleza para enfrentarlos con

determinación férrea, junto a un ejército de seres de luz que siempre están a nuestro alrededor.

Para brindarnos fuerza y energía en los momentos más duros y difíciles, en los momentos en los que sentimos que nuestro espíritu esta por quebrarse.

La ilusión del error es sencillamente eso...

Una mera y sencilla ilusión..

· Cuantas veces te has preguntado ¿Por qué suceden las cosas? ¿Por qué a mí?

¿Por qué no salió como lo proyecte?...

Estas y muchas más preguntas surgen desde lo más profundo de nuestra mente siempre que creemos que algo sucede de la forma que lo hemos deseado y esto parte de nuestro punto de vista, desde el EGO...

La ilusión del error parte desde nuestra perspectiva de las cosas, nublando las verdaderas preguntas...

¿Por qué suceden las cosas? ¿Para que a mí?...

Buscando superficialmente, cuando en realidad lo que necesitamos es escuchar nuestros verdaderos motivos, lo que sucede en nuestra vida es provocado directa incluso algunas veces de forma indirecta pero siempre iniciado por nosotros mismos.

Muchas veces ya no es importante encontrar esa respuesta, ¿Por qué o para qué seguir buscándola ciegamente? Hacerlo por costumbre como una reacción inmediata nos hace olvidar que tal vez esa experiencia ya nos enseñó lo que teníamos que aprender, ¿porque aferrarnos?

El error es una ilusión, si somos conscientes que nosotros actuamos con decisión, tenemos la capacidad de elegir nuestra actitud ante las situaciones y eso hará la gran diferencia ante el error. Minimizando el daño y maximizando el aprendizaje.

Haciendo que cada experiencia tenga valor en nuestra vida, incluso aun cuando parezca ser un error. Reconocerlo, evitará que lo cometamos una y otra vez.

Reconexión

Cálidas mañanas asoman por nuestra conciencia,
un día más ha comenzado a asomar por nuestra
ventana del alma...
Por nuestros ojos vemos como una nueva oportunidad
comienza a brillar.
Vemos con una sensación aun adormecida por la larga
noche por la cual tuvimos que atravesar, vemos
como nuestra esencia comienza a cambiar.
Sin poder controlar nuestras emociones estas nos
empiezan a decir de una manera tan sutil pero
asertiva que aquella noche de niebla ha quedado
atrás...

Que al estar hoy, aquí, leyendo y sintiendo hemos salido
victoriosos de todas las pruebas y retos
que nos fueron impuestos...
Que al estar hoy más despierto que nunca, hemos ganado por
derecho propio esa batalla de los mil dragones, de los grandes
calabozos emocionales, de las peleas
contra nuestra propia mente...

Cálidas mañanas asoman ante nosotros, cálido
despertar victorioso de todo reto superado...
Sin embargo no podemos pasar por alto aquello
que nos arrastró una vez más, aquello que ya antes
había sido superado o conquistado...

Debemos ser conscientes que el espíritu debe ser
liberado constantemente de las ataduras, mantenerlo
alimentado de emociones y escuchado con fe...

De esa forma mantendremos en perfecta armonía
nuestro cuerpo, mente y alma alejándonos de todo
aquello que nos podría nublar el futuro nuevamente.

La reconexión debe ser sin duda alguna una practica
constante y consciente hasta alcanzar el estado del amor...

Joe Barrera

- El camino del Buda recorre muchas veredas, se encuentra con muchos demonios durante el tiempo, estos lo ponen a prueba una y otra vez, de la misma manera que a Buda.

Nuestro despertar espiritual se verá puesto a prueba una y mil veces...

Hasta que la lección se haya aprendido, esta seguirá repitiéndose, siempre de una forma distinta pero desde la misma fuente...

La búsqueda espiritual es un sendero de constancia, de paz y amor, donde nos podremos apartar del mismo o detener pero siempre tendremos la oportunidad de retomar lo recorrido con la experiencia que hasta el día de hoy hemos aprendido...-

Aferrarnos a repetir las lecciones simplemente lo hará más difícil Necesitamos darnos la oportunidad de aprenderla y hacer que ese conocimiento se torne en la más valiosa sabiduría, que vivir valga la pena y que seamos siempre seres en evolución.

Antes de negarnos a lo desconocido, hay que darnos la oportunidad de hacerlo conocido, de investigar, de aprender y de tener apertura a la vida misma.

La Magia del Ahora

No importa cuántas veces cerremos los ojos
pensando en lo que ya hemos hecho...
No importa cuántas veces cerremos los ojos
pensando en lo que suceder · el día de mañana,
o en un mes, un año o al final de nuestras vidas.

No importa cuántas veces nos desvelemos
pensando en lo que el futuro nos tiene reservado
en primera fila, o lo que el pasado nos recuerda
constantemente con cada latido de nuestro propio
corazón...

La razón radica en creer en la magia, aun por
raro y contradictorio que parezca es una de las
muchas grandes verdades que sabes muy dentro
de tu corazón que son ciertas...

La razón vive en la magia del vivir en el presente,
en el momento que está ocurriendo, en cada respirar,
en cada parpadeo, en cada movimiento de tu cuerpo,
por simple o por complejo que este sea, en cada
beso, en cada caricia, en cada sonrisa, en cada
lagrima...

En todos por individual y como la suma
de una realidad innegable, una realidad en la
cual no podemos ni debemos ocultar.

La magia del momento radica en sentir...
En verdadera y auténticamente sentir, desde lo
más profundo de nuestro corazón,
De nuestro ser, de nuestro espíritu...

La magia del momento radica en cerrar los ojos y sentir
como la energía recorre todo nuestro
cuerpo, haciendo vibrar nuestra
frecuencia de una manera espontánea pero a la vez familiar...

La magia del momento, del ahora, es aquella que
no obtiene su fuerza de la incertidumbre del mañana,
o de la frustración del ayer.

que aunque glorioso al permanecer constantemente
queriendo vivir de él nos provoca un cambio inconsciente,
donde un acto de gloria, de éxito se convierte en un acto de
nostalgia, de tristeza y de opresión al ahora...

Simple el camino del guerrero es, aceptar esta
verdad como una guía de vida y crear con este
reconocimiento de sentimientos y emociones.
La creación de un mejor y más glorioso mañana...
O continuar con el patrón, aquel que
bloquea nuestros corazones
y los vuelve incapaces de reconocer la
más pura de las verdades...

El amor por el ahora.

Su siempre amigo...
Joe Barrera

Todos estos han sido escritos que han emanado desde un estado de meditación, las palabras han fluido a través de mi para que nunca desistamos de alcanzar nuestro destino, para que nunca olvidemos que somos seres de luz y amor, nada ni nadie podrá cambiar eso, que todos estamos unidos por la misma fuerza que ha creado todo el cosmos, que tú y yo somos compañeros de viaje, estamos para ayudarnos mutuamente y así nunca más sentirnos solos...

CAPITULO 9
NIAMH

Me gustaría invitarte a que los leyeras una y otra vez a lo largo de los días en los cuales sientas ese deseo de conectarte con tu ser de luz, con tu Guerrero interno y lo leas de una manera paciente, pausada, dándole un énfasis diferente en cada palabra, crea un ambiente propicio para que tu mente puede estar en total armonía y comenzarás a interpretar muy diferente cada uno de los escritos antes mencionados, dependiendo el momento de tu vida, tu situación emocional, tu estado de ánimo y tu deseo espiritual esas palabras irán cobrando forma muy en el interior de tu ser dándote la oportunidad de descubrir que no existen casualidades...

Tu elección fue concebida por tu Ser de luz, brindándote la oportunidad de ponerle pausa a tu realidad y a tu rutina, dándote cinco minutos hacia ti y nadie más, hacia tu propia preparación, hacia tu propia satisfacción de existir. Permíteme compartir contigo nuevamente el mensaje que me ha acompañado desde hace mucho tiempo.

- Tú no has elegido al libro, el libro te ha elegido a ti. –

Abraza esa oportunidad y tómala con calma, esto es un aprendizaje, esto es recordar que somos seres de luz, que tenemos una esencia más allá de lo que creemos conocer, que estamos hecho con amor y somos amor, nuestra energía comenzará a vibrar en la misma frecuencia de los seres humanos que buscan conocer más, que buscan encontrar respuestas a sus más anheladas preguntas que emanan de su alma, en un deseo incontenible de ser escuchadas.

Ahora que sientes en lo más profundo de tu ser esa cosquilla que te indica que algo ha despertado, no la apagues...

Abrázala y entrégate a esta energía maravillosa que derrocha amor y entendimiento, que derrocha comprensión y empatía hacia ti, hacia tu mundo y todo lo que te ha rodeado. Entender la magia del presente como lo he mencionado anteriormente es un regalo que Dios nos brinda día a día, saber dar las gracias cada mañana al despertar hace que tu cuerpo, tu mente y tu espíritu comiencen ese presente sintonizados con la energía creativa, con la energía universal del amor.

Hagamos ahora un recorrido por los valles de la mente, recorramos juntos este camino, quitemos juntos la niebla que oculta la vereda de nuestro destino, te podrás estar preguntando.

Sin embargo mi camino y el tuyo pueden distar mucho de ser el mismo,

¿Cómo puedo entender este proceso y aterrizarlo para mi propia experiencia de vida?

-La realidad es que tu camino y mi camino en esencia están trazados bajo los mismos términos, tu y yo somos almas en búsqueda de un despertar espiritual, es por eso que hoy estás leyendo estas palabras... Tienes esa inquietud que yo tuve en esos momentos de mi vida que me hicieron transformar todo lo que creía conocer y que me provocaron una revolución interna hacia todo lo que conocía en ese momento.

Mi educación, mis padres, mi hermano, mis amigos, mi esposa... Todos son creadores de mí, de mi mundo así como tus seres queridos son del tuyo, vivimos en una sociedad que se rige por normas y en base a eso todos continuamos con un patrón, pero tú has tenido un momento de iluminación, donde has encontrado que todo lo que te pertenece en este mundo proviene de una fuente mucho más grande, que todo lo que sabes no te brinda respuestas y si más preguntas, para ti está pensado y escrito este libro.

Como compañeros de viaje tu y yo hemos pasado por momentos de incertidumbre, de desesperación emocional e incluso de batallar para encajar en una sociedad que cuando las cosas se encuentran bien carece de todo espíritu aventurero, sin embargo todos y cada uno de nosotros como seres de Luz escucharemos nuestro llamado a su debido tiempo, todos despertaremos y comenzaremos la metamorfosis.

Durante el proceso, en el camino de los Guerreros de Luz atravesaras por situaciones donde pondrás a prueba tu resistencia, donde pondrás a prueba tu paciencia y tu integridad en muchos casos, tenemos una programación de muchas generaciones y ahora creemos que lo normal y natural en nosotros es estar alejados de Dios y de nuestra existencia espiritual, creemos y vivimos que lo que se consigue en un mundo material se convierte en un reflejo de nosotros mismos, sin duda alguna de que tu ser está estrechamente ligado a que vehículo conduces, a que educación has tenido, a donde y como es tu hogar, todas esas cosas que no están peleadas sin duda alguna de nuestra existencia, de un bienestar pero no podrían ser más equivocadas si piensas que esos parámetros dictan que persona eres... Pelear internamente con nuestra programación es un reto que se practica a diario.‑

Uno de los grandes autores de espiritualidad y de desarrollo humano el Dr. Wayne Dyer nos menciona el verdadero significado del EGO parafraseando las siglas en inglés Edge God Out (Dejando a Dios Afuera) donde estas ideas nos alejan de nuestra divinidad, de nuestra frecuencia vibracional pura donde encontramos el bienestar y la armonía, nos alejan de la zona en la cual nuestras prioridades se vuelven materiales y competitivas, donde buscamos sobresalir sobre los demás, enmascarando nuestras actitudes y falta de valores en la Competitividad y en el hecho de ser el mejor de todos.

Te pregunto, cual es la auténtica necesidad de sobresalir sobre los demás, porque sencillamente no pensar en ser lo mejor que puedas ser por ti y para ti, que tu esfuerzo y preparación se vean reflejados para la obtención de resultados con un enfoque positivo, volverte el más capacitado dista mucho de volverte el más competitivo, vivir bajo el precepto de humildad, donde tus valores y tu actitud hacia la vida hablaran por ti y no sobre ti. Alimentar el EGO te aleja de tu ser espiritual y alienta más a tu ser terrenal, sin embargo no quiero que me confundas y pienses que vivo en un mundo irreal.

Que nuestra realidad gira alrededor de tener un hogar, de poderte mover hacia tu trabajo, de tener tiempo y dinero para diversión, para salud, en fin para muchísimas cosas...

Mi enfoque dista mucho de pensar en una manera totalmente poco posible para la mayoría que no estamos en un punto de ser "Maestros" de luz donde los preceptos materiales dejan de tener un valor de importancia y serán objetos de segundo o tercer nivel de importancia o prioridad.

Para el resto de nosotros que estamos en la búsqueda de ese despertar espiritual para complementar nuestras vidas y en algún punto volver a encontrar el regreso a casa, nuestro propio origen, nuestra propia naturaleza del alma, necesitamos encontrar ese perfecto equilibrio.

CAPITULO 10

Reflexiones al Corazón

¿Dónde nos ha llevado este ritmo de vida?

Que solo nos nubla la mente para dar vueltas y vueltas sin encontrar un verdadero significado, porque cuando luchamos tanto por conseguir algo y lo obtenemos nos sentimos vacíos, al tener algo que realmente anhelamos y nos encontramos en un círculo vicioso incluso confuso, donde descubrimos que lo que realmente deseamos es el hecho de tener lo que no poseemos y en base a esa ideología inconsciente del ego queremos más y más, pensamos que nuestro valor está totalmente ligado a tener más y a protegerlo de un mundo donde pensamos que todos piensan de la misma manera...

El concepto que debemos entender es que cuando hacemos lo que amamos, hacemos lo que nos brinda felicidad y sabemos que está en armonía de nuestro ser, que estamos en un perfecto estado de paz y no dejamos que lo material se vuelva una motivación si no una autentica reacción encontrarás un momento que marcara tu vida.

Al dejar de pensar que el dinero dicte tu trabajo y tu forma de vida estarás alejando al EGO de este momento y estarás permitiendo que Dios remplace esa necesidad por una motivación, si entendemos el concepto de que no hay nada donde no este Dios encontremos que nada está muy lejos de nuestro alcance ya que nosotros mismos estamos hechos de Dios, somos su expresión divina así como todo el cosmos así que tan solo debemos encontrar la manera de poder atraerlo hacia nosotros dejando conceptos de que no eres digno, de que es imposible, de que no lo mereces, esa es la auténtica forma de alejarnos de lo que nosotros mismos estamos deseando atraer.

Sé que es difícil comenzar a entender tantas cosas, como el por qué pensamos a través de nuestro ser automático, del porque todo en nuestra vida no está como lo deseamos o por qué no funcionan como lo hemos planeado y te puedo decir con el corazón en la mano que todo funciona a su propio ritmo de tu propio entendimiento de tu ser, de tu Yo superior, vivimos tan al margen de nosotros mismos que buscamos reflejarnos siempre en otras personas por no querer conocernos, por no querer buscar.

Nuestro verdadero y autentico propósito en esta vida está en las cosas más simples que adornar nuestro paisaje, en los pequeños detalles que pasan sin darnos cuenta y hacen de nuestro recorrido el más bello.

Cuando nos alejamos de nuestro EGO y permitimos fluir esta energía cósmica que todos poseemos pero pocos entendemos, sin darnos cuenta le estamos permitiendo a Dios entrar a nuestras vidas y actuar en nuestro nombre por nosotros y hacia los otros.

Enseñándonos que todo lo que hemos anhelado tiene un propósito más alto, si has deseado dinero ahora desearas abundancia, si deseas éxito ahora desearas prosperidad y así podríamos continuar con los ejemplos, al entender lo que deseamos en nuestras vidas apartamos esa voz creada por nuestra propia mente apartando el sentimiento que nos limita.

Todo esto ha estado escrito por muchos años, de hecho todo ha estado dormido en nuestro interior por generaciones, por siglos, por toda una eternidad... Nosotros siempre hemos conocido el camino, ha estado codificado a través de los sentimientos, de las emociones y nuestro corazón ha sido el instrumento elegido por Dios para revelar el secreto.

Durante uno de mis vuelos, recuerdo muy bien que mi corazón estaba inquieto, algo diferente estaba pasando pero no lograba entender bien que era, naturalmente por la concentración necesaria para llevar a cabo todos y cada uno de los vuelos mi mente se encontraba centrada en toda la operación del avión así como un repaso mental constante de todos los entrenamientos que había tenido.

Mi ahora esposa como había mencionado había sido sobrecargo, a pesar de su corta edad en la cual comenzó a trabajar poseía una madurez y un sentido sobrenatural de responsabilidad y conciencia situacional, ella me enseñó que en la aviación como en la vida misma solemos siempre caer en la rutina, en la conformidad del actuar día a día de forma automática y perder así las alertas internas que nuestra alma nos da para detectar probables problemas, me dijo algo que hasta la fecha sigue resonando en mi interior.

- Siempre escucha a tu corazón, cuando algo no se sienta bien detente y haz caso a tu instinto, este es el que te salvara de situaciones de riesgo... Hazle caso como si tu alma viajara en el tiempo y regresara para advertirte, para prepararte en todo lo que vaya a suceder. –

Trate desde el primer día entender en lo más profundo de mi ser estas palabras porque sabía que habían llegado a mí por un propósito, cada vez que sentía que estaba actuando de forma automática sacudía rápidamente la cabeza y me decía a mí mismo.

· Basta! Estas desperdiciando tu presente, haz un alto y mira a tu alrededor, siente la energía que emana de todas las cosas para estar en sintonía con las mismas... Vamos has un alto ahora y disfruta del paisaje que ha dibujado Dios para nosotros. ·

En ocasiones lo decía en voz alta sin darme cuenta por lo que los capitanes con los que me tocaba volar volteaban entre sorprendidos y asustados, que loco se habla a sí mismo en voz alta para regañarse! Pero bendito Dios ha sido una estrategia que hasta hoy en día me ha funcionado para ponerle un alto a la rutina.

Ese día estaba volando y mi corazón comenzó a latir más fuerte de lo normal, no estaba seguro de lo que mi cuerpo estaba sintiendo pero sabía perfectamente la fuente de donde provenía ese sentimiento, pedí permiso para ausentarme 1 minuto y cerrar mis ojos, me aleje de lo que me rodeaba para sintonizar esa voz que me llamaba desde el interior, suena rarísimo pero más raro hubiese sido ignorarlo, así que me centre en un estado zen, un estado de meditación inmediata, dándole gracias a Dios por permitirme estar ahí, en ese momento y dejando a un lado todas mis ideas que jugaban en mi contra tratando de darle sentido lógico.

Sintonizando mi energía, mi luz logre percibir pistas de lo que estaría por venir, sentía un miedo poco reconocible por lo que dada la situación de que me encontraba a la mitad de un vuelo solo implore por la paz y la sabiduría para tomar siempre la mejor decisión y siempre poder ser de ayuda para mi compañero de cabina.

Al salir de aquel estado de concentración le comente al Capitán de lo que había sucedido, que me encontraba un tanto nervioso y ansioso, que algo me indicaba que algo estaría fuera de la normalidad...

Me tranquilizo con su experiencia y me dijo que lo que sentía era perfectamente normal y era una alarma interna para prepararme, que escuchar esa voz me ayudaría a estar alerta y detectar ciertos problemas que de otra forma los podría pasar por alto.

Me había quedado impresionado, en primer lugar no esperaba que me entendiera y en segundo mucho menos esperaba que me dijera esas palabras tan precisas para tranquilizarme y sentir que éramos un equipo y estaríamos en sintonía en caso de que algo no estuviera del todo normal.

En ese momento nos reportan por frecuencia de radio que en nuestra ciudad de destino se estaba cayendo el cielo, expresión sumamente común en el ámbito de la aviación refiriéndose a que estaba lloviendo de una manera muy severa.

Las nubes desde tierra son una bendición, tienen forma de grandes campos de algodones blancos, con mil formas, que son acompañadas de un suave movimiento que se vuelven prácticamente una terapia verlas, pero en realidad son como un ser humano con todas sus emociones y sentimientos reprimidos...

Por fuera son sinónimo de paz y armonía pero por dentro están llenas de furia, de corrientes de aire impredecibles, de granizo que te golpea a diestra y siniestra, por dentro están hechas con furia y enojo, llenas de energía acumulada que grita por ser liberada.

Al evaluar el reporte meteorológico y la imagen de radar el Capitán y yo tomamos la decisión de que no había suficientes motivos para demorarnos en el aire o incluso no llegar a nuestra ciudad de destino y cambiarla por un aeropuerto con mejores condiciones.

Estaba lloviendo fuerte pero se veía bien dentro de los límites de seguridad, así que iniciamos la aproximación hacia el aeropuerto cuando como autentica película el cielo comienza a liberar su energía. Las nubes se comienzan a juntar desatando vientos incontrolables y granizo, sacudiendo al avión como si un niño de 3 años nos hubiera sujetado y comenzado a jugar, se sentía impresionante el poder de la naturaleza.

Continuamos con el descenso hacia la pista y estábamos siendo seguidos por una tormenta que parecía estar ensañada con nosotros, la pista se veía cada vez más cerca...

Se escuchaba cada golpe del hielo sobre la superficie metálica del avión, como si nos arrojaran piedras a 400 kilómetros por hora. Poco a poco íbamos ganando terreno y adelantándonos de la tormenta, la concentración era total, vivía un momento en el que la mente esta en paz y serenidad a pesar de lo estrepitoso de la situación que es impresionante.

En ese instante nos autorizan a aterrizar justo a unos segundos de tocar pista, el granizo pasa a ser lluvia justo al momento en que las ruedas tocan el suelo...

La lluvia arremete con tanta fuerza que tuvimos que detenernos en la pista por la intensidad del agua, dando notificación a la torre de control que permaneceríamos en esa posición hasta que las condiciones mejoraran.

Autorizada la solicitud y dada la intensidad de la tormenta el aeropuerto se encontraba cerrado hasta que las condiciones del clima mejoraran, una vez pasado el momento cumbre, hice una pausa para voltear a ver al capitán.

- Cuando la concentración se junta con la determinación no hay imposibles -

Acabábamos de atravesar por una de las situaciones más intensas que en mi vida había tenido la dicha de vivir! ¿Por qué me sentía tan afortunado al experimentar tan intensa experiencia?

Sencillamente porque estaba en paz conmigo mismo, mi fuente interna, mi Ser de luz me había contactado para darme las herramientas para atravesar algo que nunca antes había vivido o experimentado, estaba feliz porque al estar tan concentrado por primera vez en mucho tiempo logre entender el sentido de que tu mente no es un enemigo de tu vida, de tu esencia, sin embargo es una herramienta tan poderosa que al no saberla emplear logra crear caos en la vida diaria de las personas.

Cuando la mente anda suelta por nuestras vidas y carece de enfoque crea conflicto, crea duda acerca de nuestra autentica fuente de sabiduría, la mente al no estar centrada suele ser un ancla hacia el aprendizaje espiritual porque busca conservar el poder y el control de nuestra vida.

Durante el pasado pocas ocasiones había logrado enfocar mi atención de tal manera que mi alma, mi cuerpo y mi mente encontraran la perfecta armonía desatando la fuente de luz ilimitada que somos, consiguiendo las tareas que me había propuesto conseguir y lograrlo de la mejor manera.

Pero por primera vez había quedado consiente del cómo había sucedido, del cómo se sentía y esto fue sencillamente porque había dejado atrás todos los conceptos concebidos del éxito, ahora se trataba de algo mucho más profundo y desinteresado, había dejado atrás la opción de llenar mi ego al conseguir aterrizar en estas situación tan complicada y se había convertido en brindar a los pasajeros, a mis compañeros de vuelo y a mí mismo la seguridad que pudiese proporcionar, por un segundo ya no se trató de mí, de un vuelo perfecto o de un gran aterrizaje, se había convertido en brindar seguridad para sus vidas, para la mía, el éxito se había convertido en algo efímero, la gloria había quedado eliminada de ese momento y sencillamente me rendí ante la fuerza interior y actué de forma sinceramente desinteresada para brindar seguridad a todos los que iban a bordo del avión.

En el momento en el que deje de pensar solo en mí, hubo un cambio en la frecuencia en la que mi vida funcionaba, la mente se había convertido en una parte igualmente importante dentro de mi Ser, pero ya no era la más importante, había comprendido por primera vez que al desapegarte de ti mismo y hacer algo de corazón. Con humildad y por motivación interna abriría el cosmos, el universo y yo nos convertiríamos en una sola entidad, permitiría a Dios entrar y manifestarse en mi vida de una manera más consiente.

Durante los siguientes meses me enfoque en buscar una fuente de conocimiento para hacer de la experiencia pasada algo repetible, algo tangible y sin duda algo transmisible, comencé a continuar mi preparación espiritual, me introduje a las artes antiguas del Tai-Chi así como el Feng Shui entre otras tantas grandes lecturas que ocasionalmente me permitía recibir en nombre de Dios y del Universo. Pase por grandes aprendizajes pero encontraba en todas las disciplinas ancestrales una realidad oculta.

- Tu eres Dios, Dios eres Tu -

Que trato de decir con esto, antes de caer en pánico y aventar el libro hasta donde alcance el brazo por hereje!

La realidad oculta (y la verdad ni tan oculta! Está en todos lados!) es que Dios está en todo, desde el insecto mas pequeño, en la nube que surca los cielos, en el aire que mueve nuestro cabello, en el agua que tomamos, en la persona que amamos, en nosotros mismos...

No hay espacio en este Universo en donde no este Dios, cuando entendemos esta realidad, comprendemos que no hay lugar, persona o tiempo en el cual estemos alejados de esta fuente de amor incondicional, que todo vibra en la frecuencia de Dios y nosotros mismos durante siglos nos hemos empecinado en mantenernos alejados de la misma, sintiéndonos menos, no dignos y quien sabe cuántas cosas más. Nos mantenemos alejados de esta verdad porque sentimos que no hemos pagado con sufrimiento o sacrificio el amor de Dios...

Pero acaso Dios nos ha mandado un mail diciéndonos, ¡hoy no cumpliste el suficiente castigo así que hoy estamos peleados, nos escribimos mañana!

Para nada, no importa que hayamos hecho, quienes seamos Dios siempre nos regala un amanecer día a día, brindándonos un lienzo en blanco para hacer lo que nosotros creamos conveniente, aquello que nos brinde felicidad y armonía, aquello que nos haga sentir plenos y dichosos, que se sienta bien en el corazón... Ese es el Dios del amor, la fuente incondicional del bienestar.

Tan sencillo es realizar tareas tan sencillas como creer en nosotros y creer en los demás, citare a Abraham Moslow que dijo:

·Lo necesario para cambiar a una persona, es cambiar la conciencia de sí mismo. ·

Poderosas palabras que nos invitan a liberar todas las ataduras mentales que hemos tejido con el paso de los años, con el paso de las enseñanzas pasadas, liberándonos en una auténtica revolución espiritual, dándole nuevamente el lugar que en tu corazón y en tu vida te está llamando tu autentico Ser. Tú has elegido este libro de manera inconsciente, te ha llamado por que al igual que yo estamos en una búsqueda continua de darle voz a nuestra alma.

El viaje continuara por los grandes cielos, recorremos juntos los caminos que Dios nos ha planteado en nuestro futuro, sabiendo que nosotros somos nuestros propios capitanes de vida, sabiendo que si lo deseamos, lo visualizamos con el corazón y lo sentimos en nuestra alma conseguiremos lo que sea que nos propongamos.

Meditando al Cielo

Alma viajera, la que ha cautivado nuestro cuerpo...
La que le permite a la mente interpretar su propio
destino, alma viajera la que cruza por los mares del
tiempo y espacio para estar hoy por hoy más presente
que nunca... Alma viajera la que sentimos en nuestros
corazones.

Nuestra alma viajera hoy nos pide un acto de bondad
con nuestros semejantes, un acto de bondad con
nosotros mismos, un acto desinteresado de volver
a encontrarnos con nuestro pasado para recordar
sin duda alguna quienes hemos sido para que sin titubeo
alguno saber quiénes somos el día de hoy...

Para redescubrir nuestro camino que ha sido trazado frente
a nuestros ojos pero que hemos negado ver.

Recordar el cómo sentir el alma en nuestro cuerpo es la
lección más importante que debemos tener en mente...

Es la única arma que podremos utilizar en los momentos
de soledad, de tristeza y de apatía...
Los momentos que rompen con el encanto y quiebran
la determinación y la gentileza del ser humano...

Recordad como lograd conectarnos nuevamente con
nuestro pasado, con nuestra fuente inagotable de inspiración,
de lucha y fuerza...
Con nuestro verdadero conocimiento emocional y existencial...
Recordar que todo lo que hemos decidido conscientemente
crear en nuestra realidad.

Hoy por hoy nos encontramos en una proceso de cambio,
en un momento donde la balanza tomara un lado...
El tiempo de decidir a llegado a nuestras vidas,
hoy es el tiempo de tomar control de nuestras acciones
y de reconocer el futuro que estamos eligiendo...

Hoy es el momento de atravesar por todos los valles de
niebla y volver a ser seres de luz, llenos de amor y esperanza.

Hoy es el momento de hacer extensiva la meditación al cielo
para pedir que nuestra mente, corazón y alma se fusionen
en un solo ente de amor y conocimiento.

Es tiempo ya de liberar el poder oculto que todos llevamos
dentro de nosotros, de alcanzar la meta del crecimiento
espiritual y emocional para así cambiar el ritmo de nuestras
vidas y concretar nuestro destino.

La emoción es inmensa al permitir escribir estas palabras
a través de mis sentidos, meditando
al cielo hoy encontraremos
la respuesta a todas nuestras preguntas, meditando al cielo
hoy provocaremos ese despertar, cual
dragón dormido a estado
esperando el momento exacto en que nosotros mismos
liberemos todo su poder...

El tiempo de ser meros espectadores del rumbo de la tierra
ha concluido, llegando este a su fin, obligándonos a tomar
conciencia de nuestra nueva realidad...

Tiempo ya es de dejar que nuestros corazones contacten a nuestro espíritu...

Tiempo ya es de despertar.

JoeBarrera.